*Opstellen met Engelen*

De auteur, de uitgever en andere betrokkenen bij dit boek aanvaarden geen enkele aansprakelijkheid voor eventuele gevolgen door het gebruikmaken of toepassen van dit boek.

Renate Baumeister • Susanne Hühn

# Opstellen met Engelen

*Meer licht en liefde in je dagelijks leven brengen*

Uitgeverij Akasha

Uitgeverij Akasha
Brammershoopstraat 10/16
7858 TC Eeserveen
Telefoon: 0599 – 28 72 45
Telefax: 0599 – 28 72 28
E-mail: info@uitgeverijakasha.nl
Internet: www.uitgeverijakasha.nl

*Vertegenwoordiging in België*
Distriboek NV, Holsbeek

*Vertaling*
Hennie Volkers/Vitataal

*Redactie*
Vitataal tekst & redactie, Feerwerd

*Engelenschilderijen*
Renate Baumeister

*Omslagontwerp*
Sander Schaper, Studio Nico Swanink, Haarlem

*Opmaak en vormgeving*
Cathy Gerver, Studio Nico Swanink, Haarlem

Original title: *Aufstellungen mit Engeln – Mithilfe der Lichtwesen Seelenweisheit erkennen*
Copyright © 2012 Schirner Verlag, Darmstadt, Germany
Nederlandse editie: Copyright © 2013 Uitgeverij Akasha, Eeserveen, The Netherlands

Alle rechten voorbehouden. Niets uit deze uitgave mag worden verveelvoudigd, opgeslagen in een geautomatiseerd gegevensbestand, of openbaar gemaakt, in enige vorm of op enige wijze, hetzij elektronisch, mechanisch, door fotokopieën, opnamen, of op enige andere manier, zonder voorafgaande schriftelijke toestemming van de uitgever.

All rights reserved. No part of this publication may be reproduced, stored in a retrieval system, or transmitted, in any form or by any means, electronic, mechanical, photocopying, recording, or otherwise, without the prior written permission of the publisher.

ISBN 978 94 6015 090 6
NUR 720

# Inhoud

**Voorwoord** 9

**Inleiding** 13
Systeemopstellingen 13
Bewust opstellen van een thema 16
Intuïtief opstellen van een thema 18

**De boodschappen van de engelenkaarten** 21
Aartsengel Chamuël 22
Aartsengel Gabriël 24
Aartsengel Michaël/De kracht van liefde 26
Aartsengel Michaël/Losmaking 28
Aartsengel Michaël/Macht 30
Aartsengel Rafaël 32
Aartsengel Rafaël/Harmonie tussen lichaam, geest en ziel 34
Ascensie en inwijding 36
Balans tussen mannelijk en vrouwelijk 38
De geliefden 40
De goddelijke bron 42
Een blik in de eenheid 44
Eén worden/Eén zijn 46
Engel van de duidelijkheid 48

Engel van de genade  50
Engel van de harmonie  52
Engel van de moed  54
Engel van de reflectie  56
Engel van de troost  58
Engel van de wonderen  60
Engel van de zon  62
Engel van het vertrouwen  64
Geef je zorgen aan mij  66
Hemelse inspiratie  68
Het bevrijde hart  70
Het innerlijk kind  72
Huwelijk in mij  74
Ik aanvaard  76
Ik ben  78
Inwijding  80
Jij hebt de keuze  82
Laat je hart stralen  84
Laat je vol vertrouwen vallen  86
Leef vanuit je kern  88
Maria Magdalena  90
Mijn beker is altijd vol  92
Moed om voor jezelf te kiezen  94
Natuurwetten  96
Omarm je schaduw  98
Overgave  100
Reiniging en duidelijkheid  102
Reiniging van je gedachten  104
Rijkdom en overvloed  106
Sta op  108
Sterkte en kracht  110
Transformatie/Feniks  112
Vul je weegschaal  114

Wijsheid en kennis  116
Zielenlicht  118

**Nawoord**  121

**Over de kunstenares**  123

**Over de schrijfster**  125

# Voorwoord

• • • • • • • • • • • • • • • • • • • • • • • • • • •

Beste lezer,

Om te beginnen: het is een grote uitdaging om kaarten voor jezelf te leggen. Als je je wat onzeker voelt, vraag dan iemand die je vertrouwt om advies en hulp. De kaarten willen je graag bijstaan, maar ze kunnen geen beslissingen voor je nemen en er is ook geen garantie dat alles gaat gebeuren zoals je het in de kaarten ziet.

Het is een hele kunst om kaarten goed te lezen en het grote energiebeeld te begrijpen. Wij willen het je met deze kaarten zo gemakkelijk mogelijk maken om dichter bij jezelf, je thema's en de lichtende kracht van de engelen te komen – maar die krachten kunnen niet dieper werken dan jouw energiesysteem toelaat. Neem dus de tijd om te oefenen, begin met een eenvoudig thema en kijk pas naar de grotere levensgebieden als je je zeker genoeg van jezelf voelt.

Wees niet bang om hulp te zoeken, juist als je aan je spirituele ontwikkeling werkt. Hoe dichter je bij jezelf komt, des te meer je misschien zult voelen hoe belangrijk het is om je met andere mensen te verbinden en je eigen waarnemingen te toetsen. Wij hebben een blinde vlek in ons, en daarom hebben we de heldere en geoefende spiegel van anderen nodig. Dat helpt ons om geaard te blijven. Wees niet bang om aan je waarnemingen te twijfelen en onderzoek jezelf met hulp van anderen – daardoor groeit het vertrouwen in je intuïtie. Het tegenovergestelde van bewust zelfonderzoek is de in je onderbewustzijn knagende twijfel, die je zelfvertrouwen ondermijnt en je afhankelijk maakt van de mening van anderen, of misschien zelfs van deze kaarten!

*Opstellen met Engelen* biedt je de mogelijkheid om de techniek (en de kunst) van familieopstellingen te verbinden met de boodschappen van de engelenwereld. Bij dit boek krijg je zowel engelenkaarten als opstellingskaarten, die zijn voorzien van een pijl voor de kijkrichting (een uitleg vind je op pagina 15 en verder) en een thema. Wil je daarnaast ook persoonlijke thema's in de opstelling meenemen, dan kun je heel eenvoudig met kleine briefjes meer opstellingskaarten maken.

Natuurlijk kun je de opstellings- en engelenkaarten ook onafhankelijk van elkaar gebruiken. Het is vaak allesbehalve gemakkelijk om de boodschappen met elkaar in verband te brengen en een helder beeld te krijgen. Vertrouw op je eerste ingeving, want voordat de twijfel komt opzetten is er een moment, als een flits, waarop onze hersenen de hele situatie volkomen begrijpen. En vertrouw ook op die ingeving als je erdoor in moeilijkheden komt of wanneer je op het spoor van een onaangename waarheid komt – je hebt er tenslotte om gevraagd...

Uiteindelijk zul je de kracht vinden om hetgeen je ziet te realiseren en zo nodig ten goede te keren. De kracht van de engelen en – wat bijna nog belangrijker is – de kracht van je eigen vastberadenheid, je intentie, je moed en je menselijke doorzettingsvermogen staan aan jouw kant.

Wij wensen je veel plezier en vele inzichten bij het werken met de kaarten.

Renate Baumeister en Susanne Hühn

# Inleiding

● ● ● ● ● ● ● ● ● ● ● ● ● ● ● ● ● ● ● ● ● ● ● ●

## *Systeemopstellingen*

Je hebt vast wel eens van systeemopstellingen gehoord. In het 'wetende veld' van een opstelling zie je de verschillende posities van de elementen in een systeem, maar vooral ook hun onderlinge relatie. We spreken van een systeem als het totaal van elementen als een eenheid (van welke aard dan ook) kan worden gezien – omdat die elementen met elkaar in verband staan. Op grond van die wisselwerkingen is er ook een duidelijke afbakening van deze groep ten opzichte van de omgeving te zien. Elk systeem heeft een bepaalde structuur en formeert zichzelf daarom steeds opnieuw.

Bij systeemopstellingen bekijken we die wisselwerkingen en de posities van de afzonderlijke elementen door elk element een stem te geven en die visueel of door plaatsvervangers als personen, figuren of – in dit geval – kaarten uit te beelden.

*Het is heel gemakkelijk:* stel je maar eens een watermolecule voor. Dat is een systeem dat ontstaat doordat er twee waterstofatomen en een zuurstofatoom met elkaar worden verbonden. Tussen de atomen bestaat een wisselwerking.

De watermolecule is gepolariseerd: aan de ene kant bevinden zich de twee waterstofatomen, die een lage verbindingsenergie hebben, en aan de andere kant het zuurstofatoom, dat een hogere verbindingsenergie heeft. Eén zuurstofatoom kan daarom twee waterstofatomen vasthouden, maar omgekeerd lukt dat niet. Dat houdt verband met het aantal protonen en elektronen, en dus met de elektrische lading van een bepaald atoom. Als je de watermolecule zou ontleden en de bestanddelen zou 'opstellen', zou je de verbindingsenergieën kunnen meten.

In een opstelling voelen degenen die een bepaalde plek innemen, welke energieën daar overheersen, hoe ze zich voelen, waar ze zich door aangetrokken voelen, maar ook waardoor ze zich afgestoten voelen. Elk systeem – of het nu om je familie, je werksituatie, je eigen innerlijk, het samenspel van lichaam en geest, je verhouding tot geld, je innerlijke kind, enzovoort gaat – is een gecompliceerd netwerk van elkaar afstotende en aantrekkende verbindingsenergieën. Met de kaarten van deze set kun je een bepaald systeem, een relatienetwerk, bekijken en een begin vinden om het op te lossen. Als je de opstellingskaarten samen met de engelenkaarten gebruikt, geven de engelen je kaartenbeeld extra energie in de vorm van lichtkracht en bewustzijn.

Als er van buitenaf energie in een tot dan toe gesloten systeem wordt gebracht – of dat nu in de natuurkunde, in de familie of in onze eigen persoonlijkheid gebeurt – wordt dat systeem opnieuw georganiseerd. Daardoor helpt alleen al het opstellen van een systeem en de bewuste omgang daarmee aan een oplossing mee, zelfs als er nog geen concrete manier van werken te herkennen is. Als je dan ook nog om de kracht van de engelen vraagt, is de zaak al bijna opgelost.

*Als we een opstelling toepassen op een familielid kunnen we dit als volgt zien:* stel je een familiesysteem eens voor als een muziekstuk. Ieder familielid bespeelt een bepaald instrument en volgt een bepaalde melodielijn. Als ze samen spelen, ontstaat er een min of meer harmonisch muziekstuk, dat meestal door een of twee familieleden wordt bepaald. Als nu een van de instrumenten uitvalt omdat een familielid ziek wordt, het gezin verlaat of sterft, neemt een ander zijn melodie over. Elke leegte die ontstaat, wordt instinctief meteen opgevuld. Een kind gaat zich bijvoorbeeld verantwoordelijk voelen voor zijn moeder wanneer de vader het gezin verlaat, een dochter zet haar eigen vervulling opzij om haar moeder te helpen rouwen, of een zoon probeert de verantwoordelijkheden als hoofd van het gezin over te nemen.

    Het systeem probeert dus verder te functioneren, en een paar deelnemers nemen een andere positie in – net zoals bij een gewond lichaamsdeel andere lichaamsdelen de taken zo goed mogelijk overnemen. Het welzijn van een systeem gaat boven het welzijn van de afzonderlijke elementen – zolang dat onbewust gaat.

    Dit valt alleen te voorkomen wanneer de familie bewust bereid is om de leegte met alle gevoelens die erdoor ontstaan, zoals rouw, woede of hopeloosheid, te verdragen en wanneer niemand ertoe wordt gedwongen die leegte op te vullen. Gelukkig is het voldoende wanneer een van de leden van het systeem een nieuwe weg inslaat. Je kunt zelf het hele systeem opnieuw ordenen door je plek te verlaten en naar een andere, beter bij jou passende plek te gaan.

    Het is heel waarschijnlijk dat ook jij de melodie van een ontbrekend, buitengesloten of miskend gezinslid speelt, of in elk geval met hem samenspeelt. Maar zodra je – opnieuw of voor het eerst – je eigen melodie speelt, wordt het hele stuk opnieuw opgezet!

Natuurlijk horen dieren ook bij de familie en hebben ze hun eigen, vaak essentiële plek in het systeem, en dus zijn er voor dieren ook opstellingskaarten.

Laten we eens kijken om welke melodieën het gaat en wat je echt nodig hebt. Daar zijn verschillende mogelijkheden voor:

## *Bewust opstellen van een thema*

Als je je thema hebt gekozen, zoek je uit de opstellingskaarten de gebieden uit die je wilt bekijken. Wil je bijvoorbeeld je relatie met financiële zaken bekijken, dan pak je de opstellingskaarten 'Geld', 'Ikzelf' en misschien ook de kaart 'Wat scheidt mij van mijn heel-zijn?' of 'Waar word ik door gesteund?', 'Beroep/roeping' of de voorouderkaarten. Ik (Susanne) gebruik de kaart 'Wat heeft het systeem nodig?' vaak als ik niet weet in welke richting mijn opstelling moet gaan.

Op elke kaart staat een pijl, dat is de kijkrichting. Leg je gekozen opstellingskaarten nu puur op gevoel op tafel; leg ze dus neer op de manier waarop de kaarten zelf willen liggen. Dat voel je als je op je waarneming vertrouwt, want de energieën laten zich meestal heel duidelijk voelen. Het systeem kent zichzelf, want het is ondubbelzinnig en laat zich op de juiste plaats neerleggen als je maar gewoon op je gevoel vertrouwt.

Zorg ervoor dat je de kaarten in de kijkrichting legt, of je dat nu leuk vindt of niet. Kijkt de geldkaart bijvoorbeeld naar binnen of naar buiten? Als hij naar buiten kijkt, wil hij je misschien een nieuwe weg laten zien. We kunnen dingen alleen veranderen als we ze accepteren zoals ze zijn.

Wanneer je kaarten op tafel liggen (en er misschien al iets duidelijk voor je wordt), trek je intuïtief een engelenkaart voor elke kaart die voor je ligt. Leg deze engelenkaarten – open of dicht, zoals het voor een bepaalde kaart goed voelt – op de opstellingskaarten, maar wel zo dat je het thema nog kunt zien, overlappend dus.

De engelenkaarten hebben een immense energie. Het is mogelijk dat tijdens het bekijken van de kaarten veel dingen je al duidelijk worden, dat je geraakt wordt en dat er alleen al energieën vrijkomen omdat er eindelijk een engel is die zijn boodschap stuurt.
    Laat de afbeelding eerst op je inwerken, je krijgt waarschijnlijk al meteen een ingeving. Vertrouw op jezelf. Lees dan pas de tekst bij de desbetreffende engel en let op je eerste reactie met betrekking tot deze boodschap.

*De engelenkaarten bij bewuste opstellingen*
Als je de engelenkaarten eerst gesloten op de opstellingskaarten legt, kun je je geleidelijk aan met hun energie gaan bezighouden. Als je de kaarten liever meteen zichtbaar neerlegt, krijg je een grondig energiebeeld, dat je een prachtig intuïtief inzicht in je situatie kan geven. Het is allebei goed. Het is helemaal aan jou wat je liever doet – en het kan ook per thema verschillen.

Laat de energieën, zoals we al eerder hebben uitgelegd, een beetje op je inwerken voor je de tekst op de kaarten leest. Een engelenkaart kan zowel een opdracht als hulp betekenen. Hij laat zien wat er mag worden geïntegreerd en wat er nog moet worden ontwikkeld en schenkt het systeem tegelijkertijd de lichtende hulp van de engelen, zodat er bevrijding en heling kunnen plaatsvinden.

## *Intuïtief opstellen van een thema*

Als je je thema hebt geformuleerd, trek je zo veel kaarten uit de opstellingsstapel als jou goed lijkt. Leg de kaarten gesloten op tafel op een manier die goed aanvoelt en draai ze dan pas om.

Nu heb je een intuïtief energiebeeld voor je thema, een opstelling van de betrokken posities en hun structuur. Je herkent welke krachten er aan het werk zijn en of je in het systeem naar binnen kijkt of eruit wilt. Posities die uit het systeem vandaan willen, hoeven niet per se te worden geïntegreerd en mogen dus ook naar buiten wijzen. Soms hebben ze een heel belangrijke taak: ze laten je een nieuwe weg zien of willen 'naar huis' worden gebracht.

Laat je opstelling op je inwerken, maar sta jezelf ook toe om het kaartenbeeld af te wijzen als je het gevoel hebt dat het helemaal niet klopt. We oefenen onze intuïtie, en daarbij hoort ook de erkenning dat de kaarten soms niet kloppen.

Maar wees niet te snel! Soms willen we iets niet inzien of begrijpen we de samenhang niet. Wijs een kaartenbeeld daarom niet te snel af – je hebt het immers met een bepaalde bedoeling getrokken.

Als je het beeld niet begrijpt, trek je engelenkaarten en vraag je om duidelijkheid. Het is natuurlijk altijd een goed idee om een neutraal iemand met ervaring om steun te vragen. Dat kan heel goed je partner of een goede vriendin zijn, als diegene maar in staat is om de energie neutraal, dus onafhankelijk van jullie relatie, te bekijken.

Als het kaartenbeeld op tafel ligt, is het het belangrijkste om op je innerlijke wijsheid te vertrouwen, op hetgeen je als eerste waarneemt, als eerste denkt, waar hetgeen je ziet je aan doet denken. Je hele systeem doet zijn uiterste best om een gezonde balans te bereiken, en daarom laten alle boodschappen die beschikbaar zijn zich bereidwillig en meestal sneller zien dan wij aannemen. *Vertrouw gewoon maar op je gevoel. Je eerste gevoel klopt meestal.*

*De engelenkaarten bij intuïtieve opstellingen*
De prachtige afbeeldingen spreken voor zich, hun kracht zingt zijn eigen lied. Laat dus eerst de visuele boodschap van de kaart op je inwerken, zie jezelf in deze kaart, voel de energie en neem die in je op.

Toch kan het heel nuttig zijn om er ook een tekst bij te lezen. We zullen je vaak vragen om te proberen een kaart bewust aan te voelen en de speciale energie ervan te gebruiken. Laat de kaarten een poosje in je opstelling of voor jouw thema liggen, zodat de krachtige lichtenergie kan gaan werken. Gebruik de schoonheid en helderheid van de afbeeldingen om ze te visualiseren en ze als 'voorbeeld' te nemen voor je innerlijke beelden.

Wij zijn door een lichtkoord verbonden met onze eigen zielenkracht en daardoor vindt er – als we dat toestaan – een uitwisseling plaats van die zielenkrachten, die in het energieveld van de aarde werken.

Door dit zielenkoord kun je zielenkrachten inademen als je nieuwe kracht nodig hebt en zielenkrachten terugademen als je het gevoel hebt dat een deel moe is en naar huis wil. Naarmate je energie dichter bij de aarde komt, neemt ze vorm aan, heeft ze bepaalde eigenschappen, polariseert ze zich en wordt ze voor jou als mens duidelijk zichtbaar. Ze staat in wisselwerking met de kracht van de aarde en manifesteert zich in de vorm van je beslissingen, je hartenwensen, de dingen die jij 'je waarheid' noemt.

# De boodschappen van de engelenkaarten

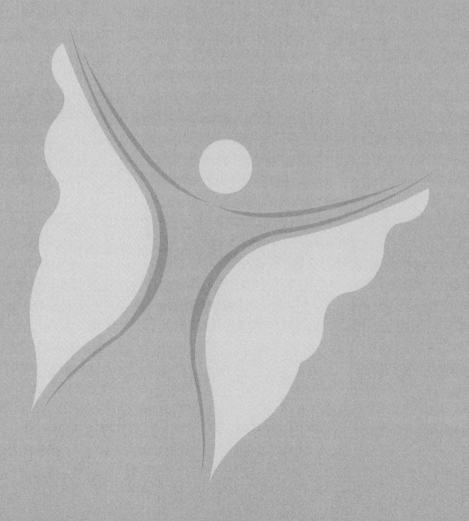

# Aartsengel Chamuël

Ben je verstrikt geraakt in medelijden of in medeafhankelijkheid? Zorg je in deze situatie goed voor jezelf of heb je je hart afgesloten?

De naam Chamuël betekent 'de kracht van Gods hart' of 'God is mijn doel'. Deze aartsengel verschijnt wanneer een situatie vastgelopen lijkt te zijn, wanneer je de lichtheid en je levensvreugde verloren lijkt te hebben. Deze kaart nodigt je uit om de liefde voor jezelf te versterken en dapper voor jezelf en je innerlijke waarheden in te staan – en hij geeft je daar de nodige kracht voor.

Naast alle liefde en zachtheid heeft Chamuël ook een strijdlustig aspect. Hij wil je leren om van jezelf te houden, hij geeft je dapperheid en opent je ogen voor alles wat je van een moeilijke situatie kunt leren.

Als deze kaart op een bepaalde positie ligt, moet je goed kijken of het zinvol is om je grenzen aan te houden en bij jezelf te blijven of dat je vol medeleven naar een ander toe mag gaan. Aartsengel Chamuël maakt relaties helder doordat hij laat zien welke krachten en energieën er feitelijk werkzaam zijn – of de pure liefde van de goddelijke kracht werkt of dat de verstrikkingen, afhankelijkheden en

onderhuidse of openlijke agressies overheersen. Hij versterkt het hartchakra en zorgt ervoor dat de liefde weer stroomt – de ware liefde, geen medelijden. Ware liefde acht de ander heel goed in staat om alles wat hij voor zichzelf kan doen, ook te doen – net zoals de ware liefde ook voor zichzelf kan zorgen.

Kijk dus goed wanneer deze krachtige aartsengelkaart opduikt en vraag Chamuël om je te laten zien op welke manier de liefde, de ware liefde die in dienst staat van het leven, wil stromen. Hij zal je de kracht geven om te doen wat je moet doen, zodat je lichter en levendiger verder kunt gaan.

## Aartsengel Gabriël

Er moet een beslissing worden genomen! Deze kaart brengt helderheid, hij laat een nieuw begin en het eind van een vastgelopen, verstarde situatie zien.

Gabriël – de naam betekent 'de macht van God' – is de engel van de verkondiging; hij brengt het woord van God en geeft je in deze situatie de helderheid van de witte straal.

Gabriël is een aartsengel die vaak in vrouwelijke vorm wordt afgebeeld – als verkondigster van nieuws. In deze gedaante is Gabriël de spreekbuis van God; elke keer als je de weg kwijtraakt, helpt Gabriël je om trouw te blijven aan je zielenpad. De kristalheldere straal brengt je in elke situatie helderheid, innerlijke reinheid en onschuld. Hij helpt je om vol vertrouwen in jezelf en in je innerlijke leiding op je pad te blijven.

Als je deze kaart in een bepaalde situatie trekt, denk dan na over je eigen innerlijke waarheid, over je hoogste boodschap en over je onschuld, en handel dan vanuit een zuiver hart. Cynisme, tactische strategieën en machtsspelletjes zijn op dit moment niet raadzaam – maak er dus geen gebruik van. Blijf geloven in de onschuld in je hart en doe alsof er geen machtsspelletjes bestaan en de wereld zuiver en onschuldig is.

Deze kaart brengt helderheid en onschuld in elke situatie waarop hij ligt en herinnert je aan hetgeen je oorspronkelijk op de wereld wilde brengen. Hij helpt je om je hoogste waarheid te vinden en die uit te spreken, hoe je omgeving er ook op reageert. Gabriël geeft je de moed en de kracht om te vertellen wat jij als hoogste waarheid ziet. Hij opent je keelchakra en helpt je bij het uitdragen van je hoogste waarheid. De heldere witte kracht helpt je bij het nemen van beslissingen – je herkent heel duidelijk wat je wilt en wat niet, want aartsengel Gabriël verbindt je met de stem en de wil van je hogere zelf.

Omdat Gabriël in het christelijk geloof de zwangerschap van Maria verkondigde, geldt hij ook als heler voor het innerlijk kind en als begeleider van zwangerschappen – hij begeleidt zielen tijdens hun verblijf in de baarmoeder tot de geboorte.

## Aartsengel Michaël /
## De kracht van liefde

Als je deze kaart trekt, wil aartsengel Michaël je leren om schepper van je eigen leven te zijn. Het is misschien wat donker om je heen, en je kunt je licht niet vinden. Het kan zijn dat je verdwaald bent in het donker, dat je jezelf niet meer voelt en dat je denkt dat het licht je heeft verlaten.

Maak je geen zorgen – aartsengel Michaël verschijnt als door een wonder en geeft je moed en nieuwe hoop; hij herinnert je aan het licht van je hart. Vanuit zijn eigen hart verlicht hij jou en je zorgen. Aartsengel Michaël geeft je de moed om je hart weer te openen en erop te vertrouwen dat de liefde je ook in de donkerste situaties verlicht en verlost.

Doe je ogen dus dicht en adem bewust naar je hart toe. Vraag aartsengel Michaël om in je hart te komen en jou in je hart aan te raken. Adem zijn licht diep naar binnen – adem net zo lang tot je helemaal met zijn licht bent gevuld. Voel dat hij er echt is. Als je vol licht bent, stel je je voor dat je het licht naar de situatie of positie toe ademt waar deze kaart op ligt.

Als je deze kaart trekt, betekent dat een belofte en een verzekering. Laat je telkens weer vullen met het licht van deze aartsengel en adem tegelijkertijd zijn licht naar je problemen toe – hij heeft je nodig als bemiddelaar, als overbrenger van

licht, om je iets te leren. Want jij bent de schepper van je omstandigheden, en als je bewust licht naar je levensvragen toe ademt, schep je bewustzijn, liefde en vrede.

# Aartsengel Michaël / Losmaking

Het zwaard van deze aartsengel schittert in lichtend blauw. Je mag er vrij gebruik van maken – want er wordt een losmaakproces aangekondigd als je deze kaart trekt. Je mag en moet je losmaken van alles wat niet meer bij je past, in jezelf en in de buitenwereld.

Deze kaart heeft twee betekenissen. Op de eerste plaats helpt hij je om indien nodig je grenzen te bepalen, doordat je Michaël vraagt om het zwaard van afscheiding aandachtig en liefdevol maar toch duidelijk werkzaam te gebruiken.

Als je deze kaart trekt, wordt het tijd om te bekijken of deze manier van leven nog bij je past of dat je je moet losmaken van bepaalde gedachten, handelingen, innerlijke houdingen, een beroep of een relatie. Je hoeft nog niet direct een eind te maken aan een vriendschap of relatie of ontslag te nemen, maar erover nadenken kan natuurlijk wel. Misschien zijn er gewoon dingen die niet meer bij je passen en waarvan het tijd wordt om je er een mening over te vormen. Misschien is het tijd om duidelijk te laten zien hoe je werkelijk bent. Als je deze kaart trekt, ben je misschien onduidelijk, buig je en zeg je niet wat je werkelijk wilt of voelt. Het wordt dus tijd om kleur te bekennen en een duidelijk standpunt in te nemen,

zodat het licht van je eigen ziel zich ondubbelzinnig op aarde kan verwerkelijken.

Het tweede aspect is energetisch van aard. Luister heel eerlijk naar je innerlijk en kijk of je in jezelf afscheidingen vindt die zich in de buitenwereld kunnen weerspiegelen. Als je chakra's niet met elkaar communiceren of als je het niet voor mogelijk houdt dat je op *elk* gebied van het leven in gelijke mate vervuld kunt zijn – als je bijvoorbeeld denkt dat je moet kiezen tussen seks en liefde, je roeping volgen en rijk worden, liefdevol voor anderen zorgen en voor jezelf zorgen – dan zorg je voor afscheiding. Natuurlijk vind je dat je een slachtoffer bent, omdat je deze scheiding telkens weer ziet weerspiegeld in de buitenwereld, maar deze kaart wijst je erop dat de scheiding in je overheerst – je hebt jezelf in verschillende delen opgesplitst. Waar dat ook voor nodig is geweest – vraag aartsengel Michaël met zijn zwaard om bij je te zijn en samen te voegen wat gescheiden in je is. Ook mag je de oude energie van 'of/of', en daarmee de dualiteit, achter je laten en in dat gebied van je leven in de nieuwe tijd aankomen die 'en/en' heet.

## Aartsengel Michaël / Macht

Ben je bang voor je macht? Wijs je macht af en wil je er niets mee te maken hebben omdat je bang bent hem te misbruiken? Of heb je alleen al een hekel aan het woord 'macht'? Gebruik dan het woord 'machtiging' of 'scheppingsbewustzijn'.

Je kunt niets op aarde verwerkelijken als je er niet toe bent gemachtigd en als je je scheppende kracht niet gebruikt. Verstop je niet langer achter je bezorgdheid om de verantwoordelijkheid te nemen voor wat je wilt en wat je goed lijkt – dat vraagt aartsengel Michaël van je.

Je hebt een grote taak. Deze kaart geeft je het zwaard van oprechtheid en laat je daardoor grote invloed uitoefenen. Als je in staat bent en de moed hebt om te zeggen wat je echt voelt, wat je echt wilt en waarneemt, voeg je een grote schat aan een situatie of relatie toe. Je geeft daarmee alle betrokkenen de mogelijkheid om zichzelf opnieuw af te stemmen en nu op hun beurt voor hun waarheid uit te komen. Daarmee haal je een situatie uit de energetische impasse en komt ze weer tot leven; je laat toe dat de kracht van de liefde en de kracht van de verandering beginnen te werken.

Je draagt een grote verantwoordelijkheid als je deze kaart trekt, want hij vertelt je dat je wijs en liefdevol met de waarheid mag omgaan. Waarheid alleen werkt als een vlijmscherp zwaard, maar als je die waarheid in dienst van liefde en medeleven stelt, snijdt het zwaard alleen af wat niet meer nuttig is voor de waarheid – en daardoor ook niet voor je leven. Waarheid zonder medeleven kan vernietigend zijn. Waarheid in dienst van de liefde heelt en geeft nieuwe ruimte aan het leven.

Deze kaart helpt je bovendien om je waarheid te herkennen, om zelf uit te vinden wat je in deze situatie voelt, wilt en te zeggen hebt. Gebruik je waarheid wijs en zorgvuldig – aartsengel Michaël is bij je en machtigt je om meelevende, liefdevolle helderheid in woord en daad te verwerkelijken. Als je die liefde, dat medeleven niet hebt, kun je beter zwijgen, voordat je iemand pijn doet. Maar als je in je hart gecentreerd bent en vol medeleven bent, kun je wonderen verrichten door oprecht te zijn.

# Aartsengel Rafaël

Deze kaart wil je heling door zelfkennis geven. Aartsengel Rafaël geeft je de duidelijkheid om te herkennen op welke manier je niet altijd goed voor jezelf bent en in welk opzicht je liefdevoller en nog dienstbaarder met jezelf mag omgaan. Misschien zijn er ongezonde gewoontes in je leven geslopen, in mentaal, emotioneel of fysiek opzicht.

Kijk als je deze kaart trekt of je werkelijk alles doet om zo gezond en zo natuurlijk mogelijk te leven, om authentiek te leven en rekening te houden met je echte behoeften. Ga de natuur in en verbind je met de kracht van de bomen, laat alle verslavende middelen en alle afleidingen eens een dag staan en kom dichter bij jezelf, bij je echte behoeften. Aartsengel Rafaël wil je uitnodigen om een gezonder, eenvoudiger en natuurlijker leven te leiden, in alle opzichten.

Kijk dus of je in bepaalde opzichten verslaafd bent geraakt – aan perfectie, opwinding, controle, emotionele drama's, een relatie, aandacht of misschien aan werk, eten, seks of iets anders. Een verslaving zorgt ervoor dat je een bepaald gevoel krijgt, maar op een verkeerde manier. Telkens als je een wezenlijk aspect van jezelf niet kunt erkennen of niet kunt of wilt voelen, als er iets is wat je zo dreigt te verlammen dat je het moet verdringen om verder te kunnen gaan, is het gevaar

groot dat je systeem een vervangingsmiddel zoekt. Je voelt jezelf niet, omdat je op een bepaalde plek in jezelf bent flauwgevallen, je van jezelf hebt afgescheiden – met een goede reden.

Alles wat we doen, staat uiteindelijk in dienst van het leven, hoe raar het er van buitenaf ook uit mag zien. Omdat je jezelf niet voelt, vind je een vervangingsmiddel – je rookt in plaats van je hart te voelen, je controleert jezelf en anderen in plaats van de angst en de onmacht te voelen, je eet in plaats van te voelen wat je werkelijk wilt, je zit vast in mede-afhankelijke relaties omdat de relatie met jezelf misschien pijnlijk is.

Deze kaart helpt je om alles te erkennen en te laten genezen – vraag aartsengel Rafaël om altijd aanwezig te zijn met zijn energie als je vervalt in verslavend, ongezond en verlammend gedrag.

## Aartsengel Rafaël / Harmonie tussen lichaam, geest en ziel

● ● ● ● ● ● ● ● ● ● ● ● ● ● ● ● ● ● ● ● ● ● ● ● ● ● ● ● ● ● ● ● ● ● ● ● ● ● ● ●

Erken je dat je je tussen veel totaal verschillende polen heen en weer beweegt of vermijd je het liever om je aardse aandeel, je lichaam, te beleven en te bevredigen? Op aarde zijn is een enorme uitdaging en tegelijkertijd een prachtig geschenk.

Aartsengel Rafaël heeft dan wel geen lichaam, maar hij staat in nauw contact met de fijnstoffelijke energie van de aarde en helpt je om jezelf zachtjes te aarden. Op dezelfde manier waarop hij helpt wanneer planeten leven wordt ingeblazen, helpt hij ook om je ziel zachtjes en zorgvuldig met je lichaam te verbinden – telkens weer opnieuw, altijd op die manier die op een bepaald tijdstip goed is voor je ziel. En dus is jouw aarding ook elke dag anders.

Soms ben je heel stoffelijk en voel je je lichaam duidelijk; je geniet van de kracht en het uithoudingsvermogen van je lichaam en je zorgt er goed voor. Op andere dagen ben je fijnstoffelijker en aanvaard je jezelf als spiritueel wezen, als lichtwezen. Mogelijk heb je op zulke dagen last van de eisen die het aardse leven je stelt – ook dat hoort bij de ervaringen die je als spiritueel wezen opdoet.

Omdat je steeds weer bereid bent om je leven in al zijn facetten onder de knie te krijgen, ontstaat er een uniek bewustzijn tussen deze zo verschillende polen. Aartsengel Rafaël brengt je in een nieuwe balans doordat hij je elke dag opnieuw helpt om je tussen die polen heen en weer te bewegen. Jij beweegt je in deze grote energieruimte die je als lichaam, geest en ziel vormt, en beleeft jezelf in steeds andere energievormen.

Rafaël is altijd bij je; hij herinnert je er door middel van deze kaart aan dat er een evenwicht is dat bij jou past en dat er elke dag anders uitziet. Het is heel normaal dat je je soms heel fijnstoffelijk, gevoelig en licht voelt en dat je op andere dagen je fysieke kracht en de bijzondere mogelijkheden van je aardse uitdrukkingsvorm beleeft en ervan geniet. In deze wisselwerking ontwikkelt je bewustzijn zich, en Rafaël is je trouwe begeleider op je weg door je eigen dimensies.

## Ascensie en inwijding

Je verandert van frequentie, je energie wordt verhoogd, of je bent op weg ernaartoe. Misschien verlies je je houvast een beetje, omdat het oude niet meer klopt en het nieuwe nog niet helemaal voelbaar is.

Ik kan je vertellen dat je op weg bent en dat je krachtig wordt gesteund. Je wordt steeds meer een schepper, je stijgt uit je oude rol op en begint vol liefde een door jezelf bepaald leven in dienst van het Licht te scheppen. Je bent gezegend: de persoon die jij bent, versmelt met zijn eigen kosmische bewustzijn. Datgene waar je al zo lang naar verlangt, wordt nu werkelijkheid en verandert je leven en je visie op de gebeurtenissen blijvend. Je lichaams- en zielenbewustzijn verbinden zich, worden één, en er ontstaat een groter, omvangrijker bewustzijnsveld. Jij bent bewust, in vorm gebracht licht, dat weet je – en nu begin je het ook te voelen!

Het thema waar deze kaart op ligt, krijgt een compleet nieuwe betekenis als je je bewustzijn voor een hogere visie op de dingen opent. Daar is het nu de tijd voor, en je bent ook in staat om dat te doen. Het is zelfs je taak om nu een positie in te nemen van waaruit je alles met een hoger, liefdevoller standpunt kunt bekijken.

# Balans tussen mannelijk en vrouwelijk

● ● ● ● ● ● ● ● ● ● ● ● ● ● ● ● ● ● ● ● ● ● ● ● ● ● ● ● ● ● ● ● ●

Wanneer je mannelijke en je vrouwelijke energie in balans zijn, houdt dat in dat je doortastend en bekwaam je inspiraties en ingevingen, je dromen en alles wat essentieel voor je is, volgt.

Je vrouwelijke energie is overgave, opnemen, het voeden van jezelf en anderen – de zorg voor het leven en het laten groeien van alles wat rijp wil worden. Het betekent dat je je impulsen en je binnenwereld de ruimte geeft, ze serieus neemt en ze met liefdevolle aandacht verzorgt. Je neemt je eigen zielenenergie waar, je staat open voor alles wat in je wil stromen.

Je mannelijke energie is je daadkracht, die ervoor zorgt dat je tot handelen komt en dat je in de wereld zet wat je in je hebt gevoed, wat mocht rijpen. Als je mannelijke kant in dienst van het vrouwelijke staat, is hij een poort naar de buitenwereld, de poort waardoor je je projecten, ideeën en alles wat je heilig is, vormgeeft en manifesteert. Je daadkracht beschermt je ook: je bent in staat om luid en duidelijk 'nee' te zeggen als je iets niet wilt doen of niet in je wilt opnemen.

De mannelijke energie hoort bij de rechterhelft van het lichaam en de vrouwelijke energie bij de linkerhelft. Als je in balans bent, ben je in staat om datgene wat je wilt doen ook

moedig te doen, jezelf de ruimte te geven, rustig op ideeën en impulsen te wachten, niet te aarzelen of te snel te handelen maar de dingen in je te laten rijpen en ze zonder omhaal naar buiten te brengen als je de impuls voelt om te handelen.

Erken als je deze kaart trekt of je aarzelt, een impuls niet vertrouwt, of je datgene wat je heilig is ook werkelijk in jezelf voedt of dat je het afwijst en jezelf je eigen impulsen uit je hoofd praat. Kijk ook of je mannelijke kant in staat is tot handelen – en of hij in overeenstemming handelt met wat je werkelijk wilt. Staat je daadkracht in dienst van je eigen innerlijke wijsheid of dient hij andere aspecten, bijvoorbeeld angst of medeafhankelijkheid? Het wordt tijd dat je deze krachten weer gaat inzetten voor het leven, voor het licht, voor de liefde.

# De geliefden

Deze verbinding is gezegend! Als je deze kaart trekt, weet je dat er hogere krachten aan het werk zijn. De engel van de liefde laat zijn licht neerstromen en schenkt jou en je partner alles wat jullie nodig hebben om jullie situatie op te helderen of om een stap naar een gezamenlijke toekomst te zetten.

Altijd wanneer jullie relatiethema's hebben op te lossen, staat deze engel jou en je partner bij en herinnert hij jullie steeds weer aan de liefde. Bovendien geeft hij jullie de kracht, liefde en bereidwilligheid die jullie nodig hebben om alles wat jullie tegenkomen met liefde te aanvaarden en op te lossen. Vraag of de heilige kracht van de liefde jullie door alles heen draagt wat jullie samen op te lossen hebben.

Deze kaart kan een verwijzing zijn naar een moeilijke situatie, waarin jullie je bewust en nadrukkelijk openen voor de liefde en haar mogen uitnodigen en voorrang mogen geven. Wat er ook opgelost moet worden, er zijn geen grenzen aan de liefde, dus hebben jullie de mogelijkheid om samen verder te gaan en geluk en vrede te ervaren.

Deze kaart geeft een ondubbelzinnig 'ja' als antwoord op de vraag of een relatie gezegend is – maar dat wil nog niet zeggen dat het altijd gemakkelijk is. Jullie mogen de engel van de liefde altijd om kracht, liefde en vrede vragen, zodat er uit jullie verbinding zegen, geluk en liefde naar jullie zelf toe stromen, maar ook naar anderen.

# De goddelijke bron

Het is nu zaak om conflicten op een andere manier op te lossen: stel je voor dat alle mensen of gebeurtenissen waar je niet tevreden over bent, samen voor hun Schepper staan. Gebruik deze kaart daarvoor; stel je voor dat jullie in het licht bij elkaar komen en zie jezelf daar ook echt staan. Engelen houden het licht in stand, begeleiden jullie, staan jullie bij.

Misschien voel je nu al opluchting: je hoeft je niet meer vanuit je eigen, menselijke kracht met je conflicten bezig te houden, maar je mag hogere, spirituele en gewijde engelen vragen om de situatie op te lossen. Laat je eigen oplossingen even los en zie jezelf in het licht, samen met alles wat nu geheeld wil worden.

Als deze kaart op een bepaalde positie ligt in een opstelling, mag je je op die plek bewust overgeven en een hogere macht, een goddelijke bron om hulp vragen. Visualiseer dat je in het licht staat en stel jezelf open voor compleet nieuwe oplossingen – oplossingen die je nu nog niet hoeft te weten.

Geef de situatie over aan een hogere macht, de kosmische orde, en handel pas als je vrede en opluchting in jezelf voelt – de dingen zullen zich op een heel andere manier ordenen, misschien zelfs beter dan je nu voor mogelijk houdt.

# Een blik in de eenheid

Je bent gezegend als je deze kaart trekt, want dan herinner je je spirituele thuis. Adem jezelf naar de afbeelding van deze kaart toe, voel je innerlijk licht, voel hoe je zielenstraal door je heen stroomt, je helemaal verlicht en verwarmt en hoe hij zich met een levendige, stralende kracht uitdrukt.

Misschien voel je je op dit moment erg afgescheiden en alleen, maar deze kaart laat je zien dat je thuis, je zielenlicht, heel dichtbij is – je hoeft het je alleen maar te herinneren en bewust midden in die zielenstraal te gaan staan.

In verband met een positie betekent deze kaart: laat de situatie eens los, laat het over aan de grote Eenheid, geef het over en laat hogere krachten deze situatie overnemen. Denk eraan dat er op andere niveaus van het Zijn geen afscheiding is en sta jezelf toe om niet alleen datgene wat je afscheidt te aanvaarden, maar ook datgene wat je verbindt.
    Ga in gedachten in je zielenstraal staan en kijk vanuit deze positie nog een keer naar je vraag – met de ogen van de liefde en de kennis van de eenheid met alles. Dan kunnen er wonderen gebeuren, want de kracht van de eenheid, de kracht van de liefde, stroomt de mogelijk verstarde posities binnen.

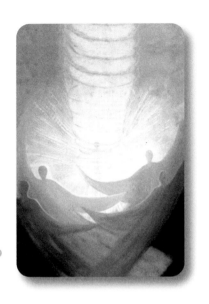

# Eén worden / Eén zijn

Jullie horen bij elkaar, ongeacht of en vooral hoe jullie aardse wegen samenvallen of niet. Jullie hebben afgesproken om elkaars spiegel te zijn, jullie hebben een bron, een gemeenschappelijke innerlijke oorsprong en jullie beleven die heel duidelijk op aarde.

    De bewuste persoon is een zielsverwant van je, mogelijk zelfs een tweelingziel – dat betekent dat jullie uit dezelfde zielenvlam komen. En precies daar ligt het gevaar voor verslaving. Laat niet toe dat de zo sterk verbonden lichtdelen je verleiden om de aardse omstandigheden buiten beschouwing te laten. Juist zielenpartners kunnen elkaar leren om het aardse te erkennen.

Deze kaart wijst erop dat je goed moet nagaan of jullie zielsverbinding hier op aarde tot uiting komt en zo ja, hoe, of dat jullie daar iets aan moeten doen. Jullie zijn toch al verbonden. Maar als je deze kaart trekt, kan het ook zijn dat je een aardse liefdesrelatie verwisselt met een zielsverwantschap.

    Bekijk heel zorgvuldig op welke manier jullie innige verbinding geleefd wil worden en laat toe dat die steeds weer verandert en groeit. Met deze persoon heb je de kostbare

gelegenheid om te groeien en diepe liefde te beleven. Als jullie een liefdesrelatie aangaan, zijn jullie de bron en het krachtveld voor vele anderen. Een beroepsmatige relatie kan ook vruchtbaar zijn, maar ook elke andere bewust beleefde relatievorm zal jullie allebei een stuk verder brengen in jullie ontwikkeling.

# Engel van de duidelijkheid

Ben je een beetje verstrikt geraakt in het web van je gevoelens of problemen, weet je niet meer wat je volgende stap moet zijn? Vraag of de engel van de duidelijkheid om bij je komen en wees bereid om helder te zien, helder te voelen en helder te handelen.

Maar pas op: de engel van de duidelijkheid brengt een grote verantwoordelijkheid met zich mee, want als je helder ziet of voelt, heb je geen uitvluchten meer. Je wordt uitgenodigd om iets te gaan doen en de verantwoordelijkheid voor jezelf en je situatie te aanvaarden. Misschien erken je dat er vergeving nodig is, dat je vergeving mag vragen of dat het tijd wordt om iemand, en vooral jezelf, te vergeven.

Met betrekking tot een positie in een opstelling betekent deze kaart: bekijk de situatie nog eens goed, vraag de engel van de duidelijkheid om je het hele beeld te laten zien, ook achter de schermen, want misschien is jouw waarneming, jouw kijk op de dingen wat eenzijdig. Het is voldoende als je dat controleert; meestal is er alleen maar een gesprek en een open innerlijke houding nodig voor datgene wat er werkelijk plaatsvindt, en dan kun je de controle, de vermijding of de inspanning loslaten en verdergaan.

# Engel van de genade

Veroordeel je jezelf, vind je het moeilijk om jezelf te vergeven? Ben jij de strengste criticus van jezelf? De engel van de genade is bij je en verzekert je ervan dat je vrij bent, dat je ziel ervaringen opdoet, dat je onschuldig bent.

Als er iets is waarvoor je na zorgvuldig en oprecht onderzoek de verantwoordelijkheid op je moet nemen, doe dat dan en maak het weer goed – maar laat de achterhaalde schuldgevoelens los, ze stroken niet met de werkelijkheid.

Vraag de engel van de genade om je te zegenen en geef hem al het moeilijke wat je met je meedraagt. Stel je eens voor: je schuldgevoelens, alle dingen die je jezelf verwijt stromen uit jou naar buiten en vormen een donkere energiebal tussen je handen – laat alles naar buiten stromen, alle schuld, alles wat je jezelf niet kunt vergeven. Geef deze zware energiebal dan aan de engel van de genade. Hij laat hem oplossen en spreekt je vrij, hij laat zijn genade in je stromen en heelt jou en ook alle situaties die door jou zijn ontstaan. Jij bent vrij, je bent begenadigd, je karma is uitgewerkt en je mag vol blijdschap en in vrede verdergaan.

# Engel van de harmonie

De engel van de harmonie wil jou, je zorgen en je relaties weer in balans brengen. Hij straalt rust, zachtheid en liefde uit en zorgt ervoor dat de dingen tot bedaren komen.

Laat alle emotionele drama's een tijdje rusten en vraag elke keer wanneer je weer in een drama dreigt te vervallen de engel van de harmonie om zijn kracht. Dat betekent niet dat je alles maar onder tafel moet vegen, maar in dit geval en op dit moment is harmonie de meest zinvolle weg. Zoek bewust mooie plekken op, kijk goed om je heen en krijg oog voor de harmonie die je al hebt geschapen of hebt gekregen. En als je ergens disharmonie ontdekt, maak je dan op om die uit de weg te ruimen als het mogelijk is of vraag de engel van de harmonie of hij je in balans wil brengen.

Trek je deze kaart voor jezelf, kijk dan of je telkens weer afstand neemt van de harmonie in je leven omdat je te veel van het ene en te weinig van het andere doet: te veel eten, te weinig slaap, te veel werk, te weinig rust (of net andersom), enzovoort. Je weet precies wanneer je de engel van de harmonie om zijn krachten mag vragen – zachte, maar toch sterke en ingrijpende krachten!

# Engel van de moed

Het wordt tijd om een stap te zetten – een stap naar het licht, jouw waarheid en jouw helderheid. Deze kaart zal je de kracht geven en je aanmoedigen om te doen wat je al heel lang vanbinnen voelt. Het tijdstip klopt en je wordt geleid door de engelen. De engelen van de moed geven je de kracht om je comfortzone te verlaten en het leven tegemoet te gaan.

Stel je voor dat je midden in het licht van deze kaart stapt. Mediteer erop. Richt je aandacht op het probleem waar het om gaat, voel wat je voelt en neem waar wat je erover denkt – pak het probleem stevig vast, omarm het, adem het diep in, ook met alle angst als je die voelt, en stap dan in het licht van de moed, midden in het energieveld van de engel die je moed wil geven, of in een zuil van licht die je met moed vult. Hoe verandert het probleem, wat zou je doen als je er de moed voor had, en wat zou je nalaten?

 Er is moed voor nodig om hier op aarde te leven, de engelen weten dat. Het is een enorme uitdaging om geboren te worden en je eigen scheppingskracht te laten werken, aan den lijve te ondervinden, te voelen, de consequenties te dragen en de verantwoordelijkheid ervoor te nemen. Elke

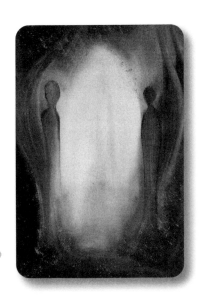

keer als je moedig een stap zet en je eigen energie steeds meer in daden omzet, worden je moed en zelfvertrouwen groter.

# Engel van de reflectie

In deze situatie is het verstandig om de wet van resonantie te aanvaarden. Op het eerste gezicht heeft de zaak misschien niets met jou te maken, je voelt je misschien ergens aan overgeleverd of je voelt je een slachtoffer; je begrijpt niet waarom 'dit jou moet overkomen'. Maar de engelen van de reflectie willen je aanmoedigen om beter te kijken en je bezig te houden met de volgende vragen:

- Waar handel ik altijd op dezelfde manier, wat is mijn spiegel?
- Wat wordt in mij aangeraakt en waar ken ik dat gevoel van? Leidt het me misschien terug naar een situatie waarin ik gekwetst ben? Wil een oude pijn worden gezien, een oud onrecht worden hersteld?
- Wanneer heb ik iemand, misschien mezelf wel, niet gewaardeerd en aanvaard?

Sluit je ogen en vraag of de engelen van de reflectie je je spiegelbeeld willen laten voelen en je willen laten zien wat er in deze situatie in jou resoneert met de uiterlijke gebeurtenissen en energieën. Laat je adem gaan, zodat je nog dieper kunt voelen, tot je bij de kern van het probleem bent

aangekomen waar de pijn waarschijnlijk zit. Erken deze pijn, buig ervoor, of je nu een ander pijn hebt gedaan of dat jou pijn is aangedaan.

    Beleef de situatie nog een keer en kijk of je het nu anders zou aanpakken. Neem jezelf bij de hand en maak wat er is gebeurd weer goed – kijk of je het nu anders aanpakt, of je je uit die situatie redt doordat je bij jezelf bent en jezelf zachtjes uit de situatie haalt. Je hoeft niet langer in een pijnlijke situatie te blijven zitten, vooral niet als die al ver in het verleden ligt – je kunt jezelf er altijd uithalen en het gebeurde uitwissen.

# Engel van de troost

Je bent van ver gekomen; er lagen vaak stenen op je weg, veel meer dan je je had voorgesteld. Vaak heb je gedacht dat je zou falen, en je wist niet zeker of je de situatie – en misschien zelfs je hele leven – nog de baas was.

Maar troost je: de roos bloeit. Je hebt haar liefdevol verzorgd en ze heeft overleefd. De spirituele wereld en de engelen zijn bij je, ze troosten je en houden je vast, en ze zien je pijn. De zegen en troost van je beschermengelen stromen over je heen en bij je naar binnen. Wees dus bereid om die troost aan te nemen.

Deze kaart wil je openen. Hij wil je op die plek aanraken waar het nog pijn doet, op die plek waar je nog veel te dapper bent. De engelen die met deze kaart in je leven komen, houden je vast en vragen je om jezelf toe te staan je pijn te voelen, zodat hun zachte, troostende kracht bij je naar binnen kan stromen en je kan helen. Geef je verkrampte houding voor éven op, laat éven voor je ademen en voelen, zodat je getroost kunt worden. Het mag nu goed zijn.

Als je bereid bent om vrede te sluiten met wat er is, adem dan diep in en sta jezelf toe om te voelen wat je al zo lang in je meedraagt. De engelen zien je pijn; ze voelen met je mee.

Ze hebben de kracht om je te koesteren, je nieuwe moed te schenken en je te verzoenen met het leven zoals het op dit moment is. Je hebt het goed gedaan, je hebt het onder de knie gekregen. Rust nu maar uit en verzorg jezelf, zodat je binnenkort met nieuwe kracht en nieuwe moed verder kunt gaan, wetende dat de engelen altijd bij je zijn.

# Engel van de wonderen

Wonderen zijn de spirituele wetten van God in actie; ze bouwen een bewustzijnsbrug. Een wonder gebeurt altijd op het moment dat de energie even zo sterk toeneemt dat de wetten van een hoger energieniveau gaan werken. Opeens krijgen we toegang tot energieën, inzichten en gebeurtenissen die anders alleen op een hoger bewustzijnsniveau plaatshebben.

Een wonder is een geschenk van het leven aan jou. Als je deze kaart trekt, mag je om een wonder vragen. Je innerlijke houding is daarbij de maatstaf – je kunt een wonder niet naar je toe denken of manifesteren, daarom is het ook een wonder. Maar je kunt er wel voor openstaan en je mag ervan uitgaan dat er een wonder kan gebeuren.

    Sta jezelf dus toe om de controle los te laten en je open te stellen voor ingevingen, gebeurtenissen of beslissende wendingen die deze misschien hopeloze situatie een nieuwe richting kunnen geven. Wonderen zijn de wetten van God in actie – laat dus de situatie echt los en bid dat de wil van een hogere orde geschiedt.

Het universum wil zichzelf telkens weer op nieuwe, complexere manieren ordenen en steeds meer levensenergie in vormen en daden omzetten. Vertrouw er dus op dat de kracht van het wonder, de kracht van het leven dat zichzelf telkens opnieuw organiseert, werkzaam wordt en doe een stapje opzij. Je mag je openstellen voor de wonderen van het leven en je mag de engel van wonderen ook vragen of je die wonderen mag herkennen – want ze zijn niet altijd meteen zichtbaar als een wonder...

    Stel je dus open als je deze kaart ziet en stel je ook open voor de erkenning dat het wonder misschien al gebeurd is. Sommige wonderen dagen ons uit om de grenzen van ons voorstellingsvermogen achter ons te laten en onze energie te verhogen voordat we ze als wonder kunnen herkennen.

# Engel van de zon

De engel van de zon geeft je stralende vuurkracht; hij helpt je om je eigen licht op aarde in daden om te zetten en jezelf te verwerkelijken. Dat geeft je de ruimte waarin je kunt groeien en je jezelf kunt verwezenlijken.

Deze engel geeft je over aan de aarde en begeleidt je ziel op de weg van zijn stralende oorsprong naar de materialisatie. Daarbij wordt jouw energie steeds dichter, tot je bij de door jou gekozen ouders incarneert.

De engel van de zon verschijnt omdat hij jou aan je scheppingskracht wil herinneren en die wil versterken. Schep, kies, doe – er wordt daadkracht van je gevraagd! De engel geeft je het vuur van de zon, het vuur dat het leven laat ontstaan. Als je deze kaart trekt, is je leven misschien wel wat verkild en verstard. Ben je je daadkracht, je vuur, je geestdrift misschien kwijtgeraakt?

Verbind je met de kracht van deze kaart en vraag de engel om bij je te zijn en de vastgelopen, verstarde delen van jezelf, vooral je daadkracht, te stimuleren, te voeden en van lichtkracht te voorzien. Hij versterkt je mannelijke kant, het yang, je vermogen om te handelen en geeft je doorzettings-vermogen.

Heb je deze kaart voor een bepaalde positie of situatie getrokken, kijk dan of je misschien maar doet alsof je iets niet kunt, of je terugschrikt voor de verantwoordelijkheid of dat je liever de slachtofferrol aanneemt omdat je bang bent om een dader te kunnen worden. Je bent geen van beide. Met de kracht van de zonne-engel ben je een enthousiaste, vurige schepper!

# Engel van het vertrouwen

Deze kaart heeft twee aspecten; hij laat je zien dat je op een drempel staat. Jouw manier om de dingen te doen functioneert blijkbaar niet zoals je graag zou willen. Je wordt gevraagd om los te laten en vertrouwen in de spirituele wereld en in de levenskracht te hebben.

Dat vind je, als je deze kaart trekt, misschien heel moeilijk, vooral in je huidige situatie. Daarom leidt de energie van deze kaart je door een inwijding. Stop even, luister naar je innerlijk en erken waar je bang voor bent en wie of wat je niet vertrouwt. Je kunt de spirituele wereld vertrouwen, net zoals je op je eigen innerlijke leiding kunt en mag vertrouwen. Besluit om los te laten en vraag om de kracht waarmee je je vol vertrouwen in de handen van God of de spirituele lichtkracht kunt overgeven. Dit is het eerste aspect van de kaart.

Het tweede aspect is: vertrouw je jezelf? Vertrouw je op je beslissingen en vertrouw je erop dat alles zichzelf regelt als je je innerlijke drang volgt en ook eens loslaat? Of geloof je dat alles uit elkaar valt als je eventjes niet kijkt en de controle opgeeft? Of je jezelf vertrouwt of niet ligt niet alleen aan je eigen beslissing. Je zelfvertrouwen hangt af van de ervaringen die je tot nu toe met jezelf hebt opgedaan. Weet je, het is

eigenlijk heel onzinnig om op jezelf te vertrouwen als je jezelf tot nu toe telkens hebt teleurgesteld en in de steek hebt gelaten. Deze kaart is dus een uitdaging voor jou: vertrouw op de spirituele wereld, laat los, maar kijk goed hoe je je tegenover jezelf mag gedragen om vertrouwen te verdienen. Aan vertrouwen moet je werken. Het wordt snel geschonden – namelijk als je een belofte niet nakomt en jezelf teleurstelt.

Kijk eens goed: kun je jezelf vertrouwen? Kom je je beloften na? Als dat niet zo is, is het een goed idee om er nu mee te beginnen. Deze kaart schenkt je de kracht om meer op de spirituele wereld, maar ook op jezelf te vertrouwen en te herkennen wat je mag veranderen om jezelf met recht te kunnen vertrouwen.

# Geef je zorgen aan mij

• • • • • • • • • • • • • • • • • • • • • • • • • • • • • • •

Moeder Maria komt om je een aanbod te doen: leg je zorgen in haar liefdevolle handen. Verder hoef je niets te doen. Sluit je ogen. Pak al je zorgen in en geef het pakket aan haar – of laat de zorgen, zelfs wanneer je ze niet onder woorden kunt brengen, rechtstreeks uit jou naar haar toe stromen. Laat los en draag je zorgen over aan haar onmetelijk tedere en liefdevolle zorg.

Je mag je ontspannen. Vraag moeder Maria of ze je een nieuwe weg wil laten zien en alles waar je je zorgen over maakt in liefde en vertrouwen om te vormen, zodat je verder kunt. Zij geeft je vrede, troost en haar zachte tederheid, ze ziet je pijn en leeft ten volle met je mee. Ga in haar armen liggen en rust uit door op deze kaart te mediteren.

# Hemelse inspiratie

Stel je open voor hemelse ingevingen! Ook jij bent een goddelijk wezen, je hebt toegang tot de hoogst mogelijke wijsheid. Stel je voor dat je in een zuil van licht staat, die je verbindt met de hoogste lichtfrequentie die je ter beschikking staat. Sta jezelf toe om je chakra's te openen. Stel je voor dat je lichaam een blokfluit is en dat elk chakra een van de toongaten is. Adem het licht van de zuil nu diep in, en adem het door alle toongaten weer uit. Zo reinig je je chakra's. Adem in, laat het licht spiraalvormig door je lichaam circuleren, adem uit en stel je daarbij voor dat je adem vol licht alle chakra's reinigt en bevrijdt. Het is heel goed mogelijk dat het uitgeademde licht troebeler is, minder stralend; dat mag het ook zijn, want het neemt alle energetische afvalstoffen mee die zich in je hebben opgehoopt.

Er stroomt steeds meer licht bij je naar binnen, tot je er helemaal vol van bent, tot het licht dat je uitademt net zo helder straalt als het licht dat je inademt. Vraag nu de wijste, lichtste spirituele raadgevers om bij je te komen. Dat kunnen engelen zijn of de wijsheid van je eigen ziel, en je mag natuurlijk ook het Christusbewustzijn vragen om bij je te komen.

Het universum heeft voor elke vraag het optimale antwoord paraat, want de kosmos is orde, oplossing, scheppingskracht. Nu word je uitgedaagd om alle ideeën, ingevingen en impulsen – ook en vooral die ingevingen die heel vergezocht lijken te zijn – als mogelijke oplossingen te zien.

Goede antwoorden voelen meestal heel duidelijk aan; je haalt ruimer adem, komt tot rust en weet gewoon: 'Ja, dat klopt.' Alles valt op zijn plek. Maar soms zijn de antwoorden en impulsen zo baanbrekend, nieuw of uitdagend dat je ze, nog voordat je ze bewust hebt kunnen waarnemen, afwijst.

Blijf dus in de zuil van licht staan en oefen je erin om je nog meer open te stellen en ook de op dat moment raarste oplossingen in elk geval te bekijken. Je kunt ze altijd nog afkeuren. Vertrouw erop dat je ziel voor alles een oplossing paraat heeft, want het leven is heel erg in zichzelf geïnteresseerd. Toen je je levensweg uitstippelde, heb je zelf je koers al uitgezet en oplossingen gecreëerd. Nu mag je ze in je menselijk bewustzijn binnenlaten en in daden omzetten.

# Het bevrijde hart

De lichtkracht, de stralende kracht van je hart... Weet je hoe oneindig veel energie je hart in zich draagt? Weet je hoe heilzaam en bevrijdend die kracht echt werkt, weet je welke schat er in je borst ligt?

Gebruik de kracht van je hart veel vaker dan vroeger, vind de moed om beslissingen te nemen vanuit de liefde in je hart.

Deze kaart wil je laten zien dat de energie van je hart de sleutel is waarmee je deze situatie kunt oplossen of ten goede kunt keren. Misschien luister je in situaties die zich daarvoor lenen nog niet naar de stem van je hart. Onderken op welke manier je je hart nog van een pantser voorziet, nabijheid weigert en jezelf niet toestaat om (aan)geraakt te worden.

In deze situatie en op deze plek raadt deze kaart je aan om eens vrij van elke controle te bekijken wat je hart wil en de mogelijkheid te overwegen dat het antwoord inderdaad in de wijsheid van je hart verborgen ligt.

# Het innerlijk kind

● ● ● ● ● ● ● ● ● ● ● ● ● ● ● ● ● ● ● ● ● ● ● ● ● ● ● ● ● ● ● ●

Je innerlijk kind wil gezien worden. Ga dus na of je deze situatie met de ogen van een kind of met de ogen van een schepper van zijn eigen werkelijkheid ziet.

Vraag je innerlijk kind hoe het zich in deze situatie voelt en wat het nodig heeft. Ga in gedachten naar je innerlijk kind toe en breng het vanuit de misschien belastende situatie naar een magische tuin vol bloemen, licht en blijdschap. Kijk hoe de engelen je innerlijk kind begeleiden en beschermen.

Het wordt tijd dat je je innerlijk kind naar een veilige plek brengt. Bekijk de kaart dus en stel je voor dat je innerlijk kind nu, op dit moment, door de deur komt lopen of dansen, naar een veilige plek in je hart.

Misschien heb je iets te veel de plek van een kind ingenomen in plaats van de mondige volwassene te zijn die je werkelijk bent. Je innerlijk kind is een wezenlijk, waardevol deel van jezelf, maar zijn gevoelens mogen niet de basis van je handelen zijn. Voel wat je innerlijk kind voelt en zorg goed voor hem, maar sta niet toe dat hij de situatie naar zich toe trekt en bepaalt. Neem hem telkens weer bij de hand, vertel hem dat je er nu voor hem bent en handel vanuit de positie

van een volwassene. Als je merkt dat je het daar moeilijk mee hebt, houd je dan bewust bezig met de heling van je innerlijke kind.

# Huwelijk in mij

Deze kaart geeft je de kracht om alle aspecten in jezelf te verenigen: de persoon, de ziel, het mannelijke, het vrouwelijke, de volwassene en het innerlijke kind, intellect en gevoel, lichaam en geest, licht en schaduw.

Een huwelijk betekent niet dat alles in jou één wordt vanaf nu. Het betekent dat alle aspecten in jou in vrede en trouw met elkaar zijn verbonden, dat elk aspect zijn unieke eigenschappen behoudt en dat er gemeenschappelijke oplossingen worden gevonden waar alle aspecten bij betrokken zijn. Als je deze kaart trekt, zeg je 'ja' tegen al je innerlijke aspecten, ook tegen de aspecten die je niet bevallen – dat is altijd een goed idee als deze kaart verschijnt! Het kan namelijk zijn dat je een bepaald aspect niet wilt hebben en het buitensluit.

Deze kaart nodigt je dus uit om echt al je aspecten uit te nodigen om aanwezig te zijn, zich aan je te laten zien en het heilige verbond van de liefde met je aan te gaan – en ook jij belooft om, met jezelf en alles wat bij je hoort, het heilige verbond van de liefde te sluiten.

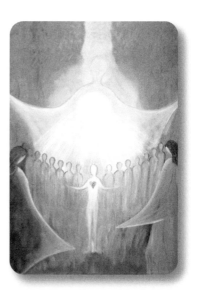

Als je deze kaart trekt met betrekking tot een bepaalde positie van een opstelling, laat hij je zien dat je al je innerlijke impulsen mag horen – ook als je je er ongemakkelijk bij voelt of als ze je in moeilijkheden brengen.

Het wordt tijd dat je jezelf trouw belooft, dat je elk aspect in jou aan het woord laat komen en dat je bereid bent om je waarheid in al zijn complexiteit te aanvaarden. Je gaat je innerlijke kern steeds beter voelen als je 'ja' tegen al je aspecten zegt: tegen jezelf, je voorouders, je ziel, je thuis in de sterren, het donker en het licht. Pas dan kan datgene in jou wat bevrijd wil worden, ook echt worden bevrijd.

Pas als je een huwelijk met jezelf sluit, als je onvoorwaardelijk 'ja' tegen jezelf zegt, in goede en in slechte tijden en tot het eind van je leven, pas dan stroomt die kracht in je die je nodig hebt om jezelf te bevrijden. Kijk dus vooral naar datgene wat je niet leuk vindt aan jezelf, wat je niet wilt hebben en stel je voor dat je met dit aspect voor het altaar staat – beloof het aspect dat je achter hem staat en hem zult horen, hem trouw zult zijn en hem bij zult staan. Voel je de vrede die nu opeens in je ontstaat?

# Ik aanvaard

Heb je het gevoel dat je bent aangesloten op de stroom van de stralende volheid en vervulling? Als je deze kaart trekt, mag het gerust een beetje meer zijn. Er zijn geschenken die er gewoon op wachten dat je ze aanneemt – misschien heb je jezelf afgesloten en zie je niet hoeveel liefde en hoeveel mogelijkheden je echt tot je beschikking hebt.

Deze kaart wil je laten zien dat je gevoel van tekortkoming misschien niet helemaal klopt, maar dat het gebrek in jou zit, in je weigering om alle liefde te erkennen die in werkelijkheid voor jou stroomt. Ook al lijkt deze informatie misschien merkwaardig, omdat je op dit speciale levensgebied helemaal geen vervulling voelt van wat je hebt gevraagd, je kunt de engel op het kaartenbeeld gerust volgen. Visualiseer meerdere malen per dag hoe je in een gouden licht wordt gedoopt, hoe je bent omgeven door stralende engelen en hoe je wordt gevoed en geheeld. Je zult je al snel vol en behaaglijk voelen.
 Zeg tegen jezelf: 'Ik sta mezelf toe om de geschenken van het leven aan te nemen en me vervuld te voelen. Ik laat mijn oude zelfbeelden los, die door gebrek en weigering zijn gevormd en zet mezelf bewust in mijn eigen stroom van vervulling.'

## Ik ben

Wat betekent dat, 'Ik ben'? Hoe kom je bij dit innerlijke punt waarin je je kunt verankeren en waar je onafhankelijk van uiterlijke omstandigheden gewoon bij jezelf aankomt? Het zijn sterrenseconden waarin dat mogelijk is, en ze zijn een geschenk.

Je kunt dit gevoel, die waarneming van 'ik ben' niet in jezelf laten ontstaan; je kunt je er alleen op voorbereiden en je ervoor openen, zodat die toestand mogelijk wordt. Wanneer je bewustzijn zich zo uitbreidt dat je jezelf met alle aspecten tegelijk kunt waarnemen, dat je je tegelijk bewust bent van de menselijke en de spirituele pool in je, dan duik je onder in de eenheid met jezelf en weet je: 'Ik ben.'

Deze kaart bevat dus geen taak, maar een mogelijkheid, een geschenk voor jou. Als je deze kaart trekt, mag je uitrusten, stoppen met vechten en je in jezelf terugtrekken. Je hoeft niets te doen, je hebt toestemming om je overal uit terug te trekken en naar binnen te ademen.

Stel je dus voor dat je jezelf met een soort magnetische adem uit alle situaties ademt waarin je vecht of in elk geval zeer aanwezig bent. Laat alles los, adem je bij jezelf naar binnen, adem diep naar je buik en je hart. Adem je ook uit

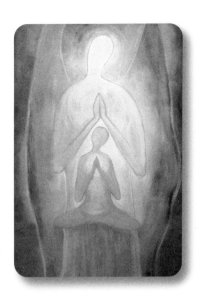

alles vandaan waar je je zorgen om maakt, uit alle toekomstige arena's, terug naar jezelf.

Neem als het kan een time-out voor jezelf. Je hebt heel erg je best gedaan in de buitenwereld en je bent zeer aanwezig geweest, soms met succes, soms ook niet. Je innerlijke stem roept je, vraagt je om tijd voor jezelf te nemen en zo die heerlijke toestand van 'ik ben' mogelijk te maken. Die toestand van volkomen één zijn met jezelf is een geschenk, maar de voorwaarden daarvoor schep je zelf.

# Inwijding

● ● ● ● ● ● ● ● ● ● ● ● ● ● ● ● ● ● ● ● ● ● ● ● ● ● ● ● ● ● ● ●

Je staat voor een belangrijke stap in je ontwikkeling. Het wordt tijd dat je in deze kwestie 'ja' tegen jezelf zegt. Je ziel wil nadrukkelijk worden uitgenodigd om in je lichaam werkzaam te zijn, want het bewuste Zijn komt eraan en sterkt je mogelijkheden om te scheppen.

Misschien ben je vergeten hoe krachtig je ziel is. In deze situatie heb je je scheppingskracht nodig. Het thema van deze situatie dient als inwijding en je wordt uitgenodigd om boven je vertrouwde denkwijzen en emotionele reacties uit te stijgen.

Schep wat je echt wilt! Mediteer op deze kaart, ga zitten en vraag je zielenlicht om zich in je hart te centreren. Laat het daarna door alle chakra's in de aarde stromen. Stel je daarbij voor dat de situatie op deze kaart voor het welzijn van iedereen zo goed en volledig mogelijk opgelost is. Daarvoor hoef je de uiterlijke details niet te kennen – laat een gevoel van vrede, blijdschap en liefde in je ontstaan. Vraag of de engelen het pad voor je willen effenen en houd de emotionele eigenschap die je wilt verwerkelijken in je hart.

Zo wijdt deze situatie jou in; ze leert je om schepper in plaats van slachtoffer te zijn. Je stralende kracht wordt elke

dag groter, je zielenlicht breidt zich steeds verder uit als je je er in deze situatie voor openstelt.

# Jij hebt de keuze

⋯⋯⋯⋯⋯⋯⋯⋯⋯⋯⋯⋯⋯⋯⋯⋯⋯⋯⋯⋯⋯⋯⋯⋯⋯⋯⋯⋯⋯⋯⋯⋯⋯⋯⋯⋯

Zit je gevangen in een slachtofferrol? Deze kaart wil je aan je vrijheid herinneren. Na een passende emotionele reactietijd op een ingrijpende gebeurtenis bepaal jij alleen de frequentie van het licht dat je verwerkelijkt.

Er wordt je gevraagd om licht of schaduw, hoge liefdesfrequenties of langzamere vibraties die als benauwdheid of angst aanvoelen, als basis voor je handelingen en beslissingen te gebruiken. Ze zijn beide evenveel waard, er bestaat geen goed of fout – er zijn alleen maar consequenties.

Omdat je je zo in je slachtofferrol gevangen voelt, ben je misschien vergeten hoe je je vrijheid kunt heroveren. Misschien heb je gehandeld zonder je hart, je intuïtie en je innerlijke spirituele verbinding te gebruiken en bij je handelingen te betrekken.

Wanneer je vanuit je menselijke maar niet vanuit je innerlijke energie handelt, ontbreekt de echte inspiratie en voel je je na een poosje opgebrand en leeg, want je wordt niet uit de bron gevoed. (Ook andersom voel je na een poosje leegheid: als je wel vanuit je inspiratie handelt maar niet goed geaard bent, heb je op den duur niet genoeg kracht, moed, doorzettingsvermogen en uithoudingsvermogen!)

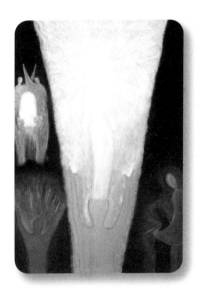

Voor nu is het genoeg dat je went aan de gedachte dat je in staat bent om andere energieën te verwerkelijken dan je met betrekking tot je vraag of de positie van je kaart hebt gekozen. De tijd is rijp om vrede te sluiten met wat er is en verder te gaan.

    Kijk daarvoor naar de afbeelding op de kaart en stel je voor dat je van de schaduw in het licht komt. Ga gewoon in die zuil van licht staan, in je eigen zielenstraal. Je hoeft daarom niets te vergeven of goed te keuren wat je niet bevalt. Je mag jezelf in je kracht voelen en dat kan ook heel goed betekenen dat je luid en duidelijk 'nee' zegt en onfatsoenlijk gedrag afkeurt. Je mag je weer vol licht voelen, je mag zelf in je eigen, hoog vibrerende licht staan om vanaf het hoogste niveau gevoed te worden.

# Laat je hart stralen

Het leven maakt je het hof met deze boodschap. Op een bepaald tijdstip in je leven was het goed en veiliger voor je om muren om je hart te bouwen. Maar nu heb je genoeg kracht in je en je kunt ze langzamerhand afbreken.

Je weet dat je elk moment kunt worden gekwetst als je je hart opent, maar je hebt de moed om dat toch te doen en je liefde en medeleven de wereld in te sturen – omdat je tenslotte geen keuze hebt als je een vervuld leven wilt.
 Beetje bij beetje zie je dat de vermeende zekerheid die een gesloten hart je biedt uiteindelijk in verstarring en vermijding omslaat. Binnenkort zul je het aandurven om de bloem van je hart te openen.

Als je deze kaart op een positie in een opstelling legt, betekent het dat je langzamerhand mag loslaten, dat je de controle en de angst om te worden gekwetst mag opgeven en dat je jezelf aan je innerlijke kracht mag toevertrouwen.
 Nogmaals: het is heel goed mogelijk dat je opnieuw zult worden gekwetst, want het leven is een uitdaging. Maar je ziet steeds vaker in dat juist je vermogen om je hart te openen die wonden ook kan genezen. Waarom is dat zo? Omdat je,

als je hart openstaat, vooral jezelf medeleven, troost en liefde kunt geven. Je zult echt wel goed kijken en niet iedereen onbeschermd tegemoet treden!

Een open hart hebben betekent niet dat je lachend alles met je laat doen, maar dat de kracht van je hart, dat onbedwingbare vermogen om je telkens weer voor het leven open te stellen en vrede te sluiten met wat er is – heel behoedzaam – geheel tot je beschikking staat.

*De volgende oefening helpt zeker:* leg je handen op je hart en beweeg ze dan van je hart vandaan, tot je een ruimte hebt gecreëerd die voor jou goed voelt. Houd je handen achter elkaar, alsof je een bal tegen je borst drukt – dat is je hartruimte. Als je die ruimte wilt beschermen, hoef je alleen maar de hand die het verst bij je borst vandaan ligt naar buiten te draaien en 'stop!' te zeggen. Dat is de houding van een hartkrijger. Hij houdt zijn hart juist open omdat hij het nadrukkelijk beschermt en zijn ruimte verdedigt. Alleen als je in staat bent om je hartruimte te handhaven en te beschermen, kan je hart echt openstaan.

## Laat je vol vertrouwen vallen

• • • • • • • • • • • • • • • • • • • • • • • • • • • • • • • •

'Oké, maar waar naartoe?' vraag je je misschien af en dat is precies waar het om gaat. Vertrouw je een liefhebbende, hogere kracht, bijvoorbeeld een beschermengel, of niet?

Deze kaart wil je uitnodigen om de spirituele wereld een nieuwe kans te geven om je op te vangen.

Er is een pijn die gezien wil worden, de pijn van het verraad. Je hebt je wel eens veilig gevoeld in de armen van je beschermengel, maar om de een of andere reden voel je je in de steek gelaten en eenzaam.

Vanuit menselijk oogpunt klopt dat waarschijnlijk ook. Soms gebeuren er dingen waarbij je je terecht kunt afvragen waar je beschermengel was. Maar ook al bevalt dat ons echt niet – ook jouw beschermengel staat in dienst van de richtlijnen van je ziel en van datgene wat je op een hoger niveau wilt begrijpen, herkennen en vooral mogelijk wilt maken. En dus is het heel goed mogelijk dat je je in de steek gelaten voelt omdat je een examen hebt gedaan, het leven een prachtige, uitdagende liefdesdienst hebt bewezen of je een oude rekening moest vereffenen. Maar de spirituele wereld wil je er door middel van deze kaart aan herinneren dat het nu tijd is om je opnieuw open te stellen, ook al vind je dat

moeilijk. Laat je wantrouwen en wrok ten aanzien van de spirituele wereld achter je en vraag je beschermengel om je nu vast te houden – zo, dat je het voelt. Doe je ogen dicht en vraag om een aanraking – je hebt je taken heel moedig volbracht en mag je nu ontspannen. De engelen zijn bij je, altijd en overal.

# Leef vanuit je kern

Als je deze kaart trekt, ben je misschien wat te ver van je eigen hartenwensen verwijderd geraakt. Maar je diepste hartenwensen weerspiegelen je zielenplan – datgene wat je echt op aarde wilt verwezenlijken.

Je hart, je innerlijke bedoelingen, datgene wat je bezighoudt, wat jij bent, wat je wilt bijdragen, dit alles straalt helder. Sta niet toe dat je uit dit innerlijke hart vandaan gaat, maar centreer je weer in je kern. Mediteer een paar dagen met deze kaart, zodat je innerlijk je eraan herinnert hoe het is als je werkelijk in jezelf rust en je hart tot de kern van je beslissingen maakt.

Als deze kaart op een bepaalde plek in je opstelling ligt, stop dan even, adem een paar keer diep in en uit en vraag je af wat je hart met betrekking tot deze positie echt wil, welke diepe waarheid je nog verborgen houdt. Wees trouw aan jezelf en vraag om de moed om je diepste waarheden te vertellen en voor anderen zichtbaar te maken. Dan ziet je leven er heel anders uit.

# Maria Magdalena

Vrouwelijke overgave, het vermogen om voor het leven te zorgen, onvoorwaardelijke liefde die tegelijkertijd goed voor zichzelf zorgt – de vrouwelijke pool, het vrouwelijke voeden en behoeden van het leven: dat zijn de aspecten die Maria Magdalena je brengt.

Ze is de vrouwelijke metgezel van een man; ze zorgt voor haar eigen vrouwelijke energie en stelt die ter beschikking aan het mannelijke. Ze is zich sterk bewust van haar kracht en weet hoe groot de verantwoordelijkheid is die ze draagt. Het vrouwelijke zorgt voor het leven en voedt het. Maria Magdalena zet geen vraagtekens bij zichzelf, maar staat zelfbewust en waardig in dienst van het leven omdat ze weet hoe heilig haar taak is en dat alleen zij die kan vervullen.

Nodig Maria Magdalena uit om in je leven te komen als je deze kaart trekt, zodat ze je je vrouwelijke waardigheid terug kan geven. Je hebt een schaal in je, een huwelijksmand, zoals de sjamanen zeggen, en het orgaan dat daarbij hoort is je baarmoeder. Daar voed en verzorg je wat door jou wil leven, tot je het ter wereld brengt.

Maria Magdalena heelt en voedt deze situatie, ze laat je de vrouwelijke weg zien en leert je om deze weg met waardigheid en eerbied voor het mannelijke te gaan. Ze heelt

relaties door het vrouwelijke te helen, of je nu een vrouw bent of een man. Ze heelt vooral de kwetsuren die het vrouwelijke jou heeft berokkend en schenkt je verzoening en vrede met het vrouwelijke.

En dan is er nog een aspect: kijk eens of de situatie waar deze kaart op ligt, belast is met de pijn en last van Maria Magdalena. Ze is nooit erkend als de metgezellin van Jezus, en toen haar geliefde man zijn zware weg naar het kruis ging, werd haar verdriet niet gezien.

Het is dus heel goed mogelijk dat de situatie wordt opgehelderd als je Maria Magdalena vraagt om de lasten die je voor haar draagt, over te nemen en ze naar het licht van de liefde en de verlossing te brengen. Je kunt je ook voorstellen dat je al die moeilijkheden en pijn die je misschien voor haar draagt (en misschien hebben al je voorouders die pijn al gedragen!) uit je laat stromen en er tussen je handen een energiebol van vormt. Gooi die zware last nu in een vuur of begraaf hem in de aarde, gooi hem in het water of laat hem oplossen in het licht – wat voor jou het best voelt.

## Mijn beker is altijd vol

... als je tenminste bereid bent om hem te laten vullen! Het ligt aan jezelf of je in overvloed leeft of in gebrek. 'Nou', zul je zeggen, 'zo gemakkelijk is het nu ook weer niet!' Dat klopt. Maar de noodzakelijke voorwaarde voor overvloed is allereerst dat je die beker hebt en hem ter beschikking stelt aan de kracht die hem zou kunnen vullen.

En dus luidt de vraag van deze kaart: heb je ergens gebrek aan? Geloof je dat je tekort komt, kun je niet meedoen en heb je gewoon geen mogelijkheden om je uit te drukken zoals je wilt? Kijk nog eens naar de kaart: wat heeft die figuur in het groen wat jij niet hebt? Klopt, de beker!

Daarom wil ik je vragen om je ogen te sluiten en je beschermengel, je hogere macht of je ziel te vragen om je een beker van overvloed te geven die bij jou past – en wel nu direct. Neem hem aan zoals hij is; je zielenkracht weet precies welke beker van overvloed bij jou past.

En nu komt het volgende waagstuk: houd de beker omhoog, zodat de spirituele wereld hem kan vullen – en nee, die doet er echt geen geld in. Maar wel moed. Licht. En liefde, inspiratie, hoop en vertrouwen. Laat de energie die nu in de beker zit, bij jezelf naar binnen stromen en vraag aan Moeder

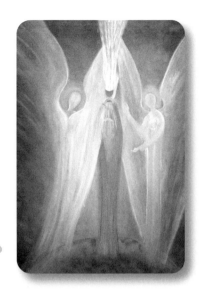

Aarde of zij de beker van haar kant wil vullen. Laat die kracht ook bij je naar binnen stromen en zich met de spirituele krachten in je verbinden.

De aardse eigenschappen die de beker je schenkt zijn uithoudingsvermogen, onderscheidingsvermogen, standvastigheid, levensvreugde daadkracht en plezier in groei. Al die energieën zorgen ervoor dat je in staat bent om te handelen en dat je uit je toestand van gebrek en de daarbij horende onmacht naar de toestand gaat van zelfverantwoordelijkheid, van competentie. In plaats van het 'nee' dat je in je hebt laten leven, zeg je nu 'ja' tegen het leven en je kunt dat 'ja' in elke situatie tot uitdrukking brengen.

Dit stelt deze kaart je allemaal ter beschikking – je hebt het nodig op de plek waar hij ligt. Maar het is je eigen beslissing en je eigen verantwoordelijkheid of je het ook oppakt!

# Moed om voor jezelf te kiezen

Jij bent geweldig. Je bent gemanifesteerde goddelijke kracht en je hebt een unieke uitdrukkingskracht. En toch ben je ook een mens; je weet wat angst is, onzekerheid, schaamte en eenzaamheid. In deze ogenschijnlijke onverenigbaarheid van polen ontstaat bewustzijn.

Om je lichtpool vol overtuiging te belichamen heb je eigenlijk een periode in de schaduw nodig, een periode waarin je je geen schepper maar toeschouwer voelt, een periode waarin je het mens-zijn met zijn schaduwkanten waarneemt. Want alleen op die manier kun je het grootste bewustzijnsgeschenk voor de spirituele wereld en voor je ziel ontwikkelen: medeleven.

    In deze schaduwtoestand heb je alles geleerd wat er over het mens-zijn te weten valt, maar je bent vergeten dat je echt een lichtpool hebt. Dat was nodig om de schaduw, de afscheiding van jezelf, ook werkelijk te beleven. Medeleven ontwikkelt zich alleen als je deze gevoelens van afscheiding, afsplitsing, bereidwillig en bewust ervaart.

    Nu heb je de moed nodig om met alles wat je hebt ontwikkeld en wat je hebt geleerd terug te keren naar je zielenlicht. Deze kaart wil je aan die moed herinneren – want

je hebt die moed al. Hij herinnert je er ook aan dat het een deel van je menselijke natuur is om in de schaduw van de afscheiding van je goddelijke bereikbaarheid te staan – maar niet meer dan een deel.

    Het wordt tijd om met alles wat je hebt meegemaakt in je eigen licht te gaan staan en een oprecht meelevend, liefdevol, daadkrachtig, bewust lichtmens te worden.

Mediteer eens op de afbeelding van deze kaart en gun jezelf de tijd om uit de schaduw naar voren te komen en in je eigen licht te stappen. Je Hogere Zelf neemt je in zijn armen en je komt thuis, je komt aan bij jezelf – met alle menselijke eigenschappen die je op je lange, moedige reis hebt verworven. Weet je, er is niets wat moediger is dan te incarneren, dan menselijk, aards te worden. Zoals we al zeiden: je hebt alle moed al die je nodig hebt.

# Natuurwetten

• • • • • • • • • • • • • • • • • • • • • • • • • • • • • • • • • • • • • •

Je leeft op aarde en hier gelden bepaalde wetten, of je dat nu leuk vindt of niet. Als je die wetten erkent, geven ze je houvast, zekerheid en een goede structuur waarin je licht zich kan ontvouwen. Erken je ze niet, dan strijd je met de omstandigheden van het aardse niveau, dan ga je misschien morren en werp je telkens weer hindernissen voor jezelf op. Het leven op aarde is nu eenmaal zoals het is.

Deze kaart wil je laten zien dat de aarde ook bezield en verlicht is, dat de natuurwetten het leven dienen en dat ze je willen helpen om jouw licht, jouw zielenkracht op aarde te manifesteren. Ze vormen de matrix waar je licht in kan stromen en waar het zich kan vormen.
    Kijk als je deze kaart trekt dus of je bereid bent om allereerst datgene wat er is te aanvaarden; kijk of je bereid bent om de aardse omstandigheden mee te nemen in je overwegingen of dat je er eigenzinnig op staat dat alles moet gaan zoals jij wilt. De natuurwetten dienen het leven, je kunt ze niet onder controle houden of 'overwinnen' – en dat is jouw taak ook niet.

Mediteer op deze kaart en herken jezelf in de innige verbinding tussen materie en licht. Jij bent op aarde om deze twee zo verschillende polen op gelijke waarde te schatten, te aanvaarden en in dit spanningsveld bewustzijn te vormen.

## Omarm je schaduw

Ben jij zelf je ergste criticus? Of klets je jezelf wel uit een moeilijke situatie, heb je altijd wel een excuus voor ongepast gedrag en rechtvaardig je jezelf ook als je de verantwoordelijkheid moet dragen? De meeste mensen verenigen beide polen in zich.

Deze kaart wil je eraan herinneren dat het antwoord op schaduw, op angst en op onbewust gedrag waarmee je anderen misschien kwetst, medeleven mag zijn. Je bent op aarde om bewustzijn te creëren, om ervaringen op te doen die je helemaal opeisen. Je bent hier om je licht op aarde te brengen en daarom word je zowel met veel van je eigen schaduwthema's als met collectieve schaduwthema's in contact gebracht. Maar je licht laat zich niet zien in scherpe kritiek of in ontkenning; dat licht wordt uitgedrukt in oprechtheid, duidelijkheid, liefde en medeleven.
    Daarom nodigt deze kaart je uit om de verantwoordelijkheid voor je gedrag op je te nemen, vooral in de situatie of positie waar hij op ligt. Kijk naar je echte beweegredenen, kijk of je echt je uiterste best doet of dat je je verschuilt achter ongepaste pretenties of verlangens, achter zwakte of een slachtofferhouding. Je kunt niet tegen jezelf liegen. Je ziel

weet precies op welke manier je schepper bent en wat je aan deze situatie hebt bijgedragen – en dus ook wat je eraan kunt doen!

Het wordt tijd dat je deze verantwoordelijkheid gaat dragen en dat ook laat zien. Maar het wordt ook tijd om de controle los te laten over alles wat niet bij je hoort en waar je dus ook geen invloed op kunt uitoefenen. Het spel met licht en schaduw is een hele kunst met veel verantwoordelijkheid en dingen die je moet laten zijn zoals ze zijn, tussen kleur bekennen en aanvaarden, tussen overgave en scheppende daadkracht.

Als je deze kaart trekt, wordt het tijd om je te bezinnen op het licht van je eigen scheppingskracht, je medeleven en je vermogen om te handelen en niet langer jezelf of anderen de schuld te geven. Kijk wat beter en maak beter verschil tussen datgene waar je echt verantwoordelijk voor bent en datgene waar je niet verantwoordelijk voor bent. Houd jezelf niet voor de gek, want je linkerhand weet heel goed wat je rechterhand doet. Als je je verantwoordelijkheden draagt en al het andere teruggeeft bij wie het hoort, zul je respect voor jezelf krijgen en ook steeds meer vertrouwen in jezelf krijgen.

# Overgave

Overgave is een uiterst vrouwelijke energie (om het even of je een man of een vrouw bent; enthousiasme, daadkracht is daarentegen mannelijke energie). Overgave betekent dat je de controle loslaat en je aan je eigen innerlijke en hemelse leiding toevertrouwt.

Als je deze kaart trekt, oefen je misschien wat te veel controle uit in plaats van te vertrouwen. Maar waar moet je dan op vertrouwen? Op jezelf natuurlijk, op je eigen zielenweg, op wat je voor jezelf hebt geschapen. Je bent op aarde om bewustzijn te verkrijgen en elke uitdaging is een initiatie. Je kunt er echt zeker van zijn dat je jezelf niet in de steek laat. Je ziel heeft je voor elke initiatie gereedschappen gegeven waar je gebruik van mag maken. Alles wat er gebeurt is als een inwijding, ook als het daar af en toe helemaal niet op lijkt.

    Bekijk de situatie waar je deze kaart bij trekt dus als een oefening, als een poort waar je doorheen loopt op je weg naar meer lichtbewustzijn. Stel je voor dat je echt door deze poort loopt. Achter de poort wacht een lichtende gestalte op je. Hij houdt iets in zijn handen – precies die gereedschappen die je nodig hebt om met deze situatie om te kunnen gaan. Adem

deze energieën naar binnen en neem waar om welke krachten het gaat. Misschien voel je eerst alleen maar energie, want de gereedschappen laten zich vaak pas zien als je ze gebruikt. Je kunt er zeker van zijn dat je ze ook kunt gebruiken als je ze inademt en daardoor erkent dat ze bij je horen – zelfs al ben je je er nog niet van bewust. Misschien zijn het zelfs zielsaspecten die opnieuw op aarde willen komen.

In de komende dagen zul je zien dat je deze situatie aankunt – misschien wel heel anders dan je had gepland, maar voelbaar op een manier die klopt, en voor het welzijn van iedereen.

# Reiniging en duidelijkheid

In deze situatie is de violette straal van de transformatie nodig, zodat je duidelijk kunt zien wat erachter steekt. Met deze kaart heb je hem geroepen. Violette en roze kristallen zijn sterke transformatoren, ze veranderen de situatie en zorgen ervoor dat die tot het hoogste potentieel wordt verheven. De engelen van de transformatie (violet) en heling (groen) zijn aanwezig, je hoeft ze alleen maar te laten werken.

Adem de situatie waar de engelenkaart op ligt nu je hart in en stel je voor dat je in deze kaart staat; je versmelt als het ware met de engelen. Adem de situatie de kristallen in en vraag hun om je problemen te veranderen, te verfijnen en naar een hoger energieniveau te tillen. De kristallen gaan werken en alles wat de liefde en het leven niet dient, stijgt op als rook, stroomt door de kristallen de aarde in en wordt gewist of verdwijnt gewoon.

Je herkent heel duidelijk op welke manier je mag en kunt bijdragen aan heling en zuivering, want als je helder wordt, als je je problemen zelf op een getransformeerde manier aanvaardt, verander je ze.

Koop een amethist en een rozenkwarts en leg de stenen een poosje op de overeenkomstige positie in het opstellingsveld. Vraag de engelen van de transformatie en de violette straal van aartsengel Zadkiël gedurende een aantal dagen bewust om aan deze problemen te werken en volg je (nieuwe) impulsen!

Wees helder, praat en handel duidelijk en ondubbelzinnig, ook al is het misschien ongewoon om de dingen op een nieuwe manier tegemoet te treden. Deze kaart is een bijzonder sterke energiekaart en hij brengt voorspoed en nieuwe inzichten als je zijn werking toelaat.

# Reiniging van je gedachten

Het is mogelijk dat er in je mentale systeem een aantal constructies zijn binnengeslopen, overtuigingen die geen nut voor je hebben en die strijdig zijn met je vrije levensstroom. Je denkt al heel lang volgens bepaalde patronen, maar die helpen je niet verder als je meer vrede, blijdschap en vervulling in je leven wilt verwerkelijken.

Daarom nodigt deze kaart je uit om je gedachten te reinigen. Stel je voor dat het violette licht van de transformatie om je hoofd en schouders en door je hersenen stroomt. Laat het licht zo lang op bepaalde plekken blijven als nodig is om alle angstpatronen en stressreacties op te lossen.

Misschien helpt het je als je je mentale lichaam, de auralaag waarmee je energieën als gedachten ontvangt en uitzendt als een lichtbol voorstelt die op je schouders en rond je hoofd ligt. Hij is misschien zwaar en donker, misschien zie je hier allerlei chaotische dingen en vreemde constructies. Stel je nu voor dat je deze hele constructie als een duikerklok optilt en aan de kant zet of in het licht laat oplossen. Vraag dan om een zacht vleugje licht rond je hoofd, dat met stralende intelligentie, vreedzaamheid en scheppende intuïtie wordt gevuld. Dit bijzondere licht stroomt je hoofd ook in en

verlicht je hersenen, laat ze stralen en blust alle met angst gevulde en het leven ontkennende gedachtepatronen.

Met dit nieuwe mentale lichaam dat het goddelijke weerspiegelt kijk je nog eens naar de kaartenpositie – misschien denk je nu heel anders over dit probleem.

# Rijkdom en overvloed

Er is een duidelijk verschil tussen egoïsme en zelfzorg. Bij egoïsme houd je ook voor jezelf wat je best zou kunnen missen. Bij zelfzorg let je erop dat je goed gevoed bent en geef je al het andere royaal en ontspannen door. Bij egoïsme voel je altijd de concurrentie; bij zelfzorg zorg je goed voor jezelf en ben je tegelijkertijd vol vertrouwen. Egoïsme is gebaseerd op afscheiding en angst, zelfzorg is gebaseerd op vertrouwen in het leven, in de kracht van Moeder Aarde en de liefde van de spirituele wereld.

Als je deze kaart trekt, ben je dat misschien vergeten en geloof je dat jouw overvloed anderen iets afneemt. Er bestaat een 'ideale overvloed', een ideale rijkdom, die je innerlijk en uiterlijk alles brengt wat je nodig hebt om je optimaal op aarde te verwerkelijken en je dromen en ideeën in daden om te zetten. En naast deze ideale overvloed bestaat er een rijkdom die belastend werkt, die een doel op zich is, die een dieper liggend gemis moet verdoezelen. Je hebt dus gelijk als je wantrouwend tegenover de thema's rijkdom en overvloed staat.

Kijk als je deze kaart trekt of die ideale rijkdom jou toekomt. Net zoals het meisje in het sprookje 'De sterrendaalders' alle daalders opraapt (ze vraagt niet of ze ze mag

pakken en laat er ook geen liggen, ze raapt ze allemaal op) mag jij ook alle overvloed die het leven je wil geven, aannemen. Want die overvloed dient om jezelf, je licht en je hoogste doelen in daden om te zetten – en daarmee help je anderen, want zij genieten er ook van en worden erdoor gestimuleerd om dit ook voor zichzelf te doen.

Natuurlijk zorg je ervoor dat jouw overvloed niemand tekort doet. Het is geen 'overvloed' wanneer je alles zo goedkoop mogelijk koopt, want dan heeft iemand anders er nadeel van. Ligt deze kaart in een opstelling, stel jezelf dan de volgende vragen:

- Herken ik de rijkdom van deze situatie, herken ik de geschenken van het leven, laat ik mijn innerlijke overvloed in deze situatie stromen?
- Onderdruk ik mijn liefde en mijn betrokkenheid uit wrok, gekwetstheid of hoogmoed? Of voel ik dat er iets mist en durf ik uit de situatie te stappen?

Met behulp van de energie van deze kaart weet je dat heel goed en kun je iets gaan doen. Als je het nog niet zeker weet, trek dan nog een engelenkaart!

## Sta op

Ga van het donker naar het licht – stap uit je comfortzone en volg je eigen levensweg! Als je deze kaart trekt, kom je niet verder, je houdt vast aan oude wonden of gewoonten in plaats van te groeien en je eigen licht te erkennen.

Sta op en laat je verleden achter je; je hebt de kracht om te veranderen. Al je ervaringen waren nodig om je bewustzijn te ontwikkelen en dat heb je uitstekend gedaan. Maar nu is het tijd om een grote stap te wagen en op te staan, groter te worden, je te laten zien in je eigen licht. In deze situatie is het goed om het oude te laten rusten, er vrede mee te sluiten en je op een andere manier te laten zien en te gedragen. Je licht wacht op je.

Deze kaart nodigt je uit om actief te worden, je bewust naar je eigen licht toe te keren en, hoeveel pijn je ook mag hebben, je innerlijke houding van wrok of koppigheid op te geven. Je hebt vast redenen genoeg om in de schaduw te blijven, maar daar heeft niemand baat bij, je ziel nog wel het minst. Het wordt tijd om in het licht te gaan staan en dat bewust en actief te doen.

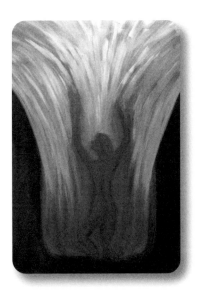

Je hebt zoveel levenservaring verzameld dat het nu heel gemakkelijk voor je is om je vertrouwde gedragspatronen achter je te laten en op een nieuwe, spannende, opwindende manier te gaan leven. Moedig en onverschrokken laat je jezelf in jouw waarheid zien. Je mag jezelf in staat achten om deze situatie aan te kunnen door haar actief te aanvaarden en te doen wat je hart je ingeeft.

# Sterkte en kracht

Weet je hoeveel kracht je eigenlijk hebt? Als je deze kaart trekt, ben je dat in elk geval in één bepaald aspect van je leven vergeten. Je bent ook geen slachtoffer en je hebt minder nodig uit de buitenwereld dan je vaak gelooft.

Deze kaart roept je op om je innerlijke kracht te erkennen, die als waarheid aan te nemen en erop te vertrouwen dat je alles in je hebt wat je nodig hebt om controle over je leven te houden. Misschien bevind je je in een afhankelijke situatie, misschien geloof je dat je vastzit in de omstandigheden of dat je het anderen naar de zin moet maken.

Maar je hebt de keuze. Alles wat je nodig hebt om je eigen weg te gaan zit al in je, ook al kun je dat op dit moment nog niet geloven of voelen.

Als je deze kaart trekt, is het de moeite waard om even pas op de plaats te maken en je te realiseren wat je in je leven al onder de knie hebt gekregen – jij, vanuit je eigen innerlijke kracht. Misschien heb je hulp van anderen gehad, maar ook die heb je zelf mogelijk gemaakt. Het wordt tijd dat je wat onafhankelijker wordt en dat je je bewust wordt van je eigen scheppingsvermogen. Het is misschien goed om daar hulp

voor in te roepen, want als je gewend bent om je in afhankelijke situaties te begeven weet je misschien niet zo goed hoe je je eigen kracht kunt vinden en kunt gebruiken. Deze kaart zegt je dat alles wat je nodig hebt, al in je zit. Het wordt tijd om je licht én je daadkracht te activeren!

# Transformatie / Feniks

Als je deze kaart trekt, voel je je misschien compleet uitgeput. Je hebt alles gegeven en je hebt geen idee wat je nu nog kunt doen. Het antwoord is heel eenvoudig: niets.

Als je je helemaal geeft, als je jezelf toestemming geeft om je over te geven, als je bereid bent om toe te geven dat je het niet meer weet, dat je alles hebt gegeven, dan gebeurt er een wonder. Een hogere macht ontfermt zich over jou, en je staat weer op, je wordt opnieuw geboren: je rijst weer op uit de as van jouw loslaten.

Maar je kunt alleen loslaten wat je eerst hebt toegegeven. Daarvoor hoef je deze situatie niet leuk te vinden, maar je mag haar eerst als jouw schepping, jouw creatie aanvaarden en inademen. Alleen wat je aanvaardt kun je via jezelf verlossen en transformeren.

Maar wacht even: aanvaarden betekent niet dat je datgene wat je aanvaardt ook leuk moet vinden of dat je er zelfs van moet houden! Wring jezelf niet in allerlei bochten door te proberen van een situatie te houden die je pijn doet of die je niet leuk vindt, maar erken dat je in elk geval medeverantwoordelijk bent voor deze situatie. Je mag best vinden dat je gevoelens, de situatie en alles wat erbij komt kijken negatief zijn, maar je moet het aanvaarden als een

deel van je leven, van je schepping en je moet de verantwoordelijkheid op je nemen voor alles wat je schept – ook, en misschien zelfs juist, voor de dingen die je niet bevallen.

Als je bereid bent om de situatie zoals die nu is te aanvaarden, onverschillig hoe je je eronder voelt en ook als je niet weet wat je eraan moet doen, adem dan diep in. Stel je voor dat je de situatie waar deze kaart op ligt, helemaal in je opneemt. Je hoeft niets te doen, je hoeft er niets aan te veranderen. Als je zou weten hoe dat moest, had je dat immers allang gedaan. Adem de situatie gewoon in en laat de energie van deze kaart werkzaam worden.

    Vraag het krachtdier Feniks om je tot as te verbranden, vooral al je strategieën en controlemechanismen, die toch niet werken. Laat alles los en laat jezelf tot as vergaan, laat jezelf oplossen. En dan, helemaal vanzelf, als door een wonder, merk je – meteen of een paar dagen later – dat je helemaal nieuw wordt; je rijst op en alles is wezenlijk veranderd.

## Vul je weegschaal

De spirituele wereld wil je een belangrijke vraag stellen met deze kaart: zorg je wel goed voor jezelf? Let je er wel op dat je niet alleen anderen voedt, maar ook jezelf? Je mag van jezelf houden, je mag goed voor jezelf zorgen, je mag in elk opzicht vervuld leven.

Je moet één ding goed begrijpen: als je wel voor anderen zorgt maar niet voor jezelf, voeg je tekortkomingen aan het collectieve bewustzijn toe in plaats van liefde. Die tekortkomingen veroorzaken een energetische aantrekkingskracht, ook als je je daar helemaal niet van bewust bent. Als je niet goed voor jezelf zorgt, dwing je iemand anders om dat voor je te doen – zonder dat te willen of te vragen, het gebeurt gewoon.

Zorg dus eerst voor jezelf; geef wel aan anderen wat je overhebt, maar niet wat je zelf nodig hebt. Het kan je als spiritueel wezen misschien merkwaardig voorkomen dat je voor jezelf moet zorgen, want als je geen lichaam hebt, hoef je dat niet te doen – je bent immers altijd vol licht? Maar hier op aarde moet je je behoeften respecteren; je mag de persoon die jij bent leren kennen en hem alles wat hij nodig heeft van harte en met liefde geven.

Om in balans te komen is het belangrijk – zegt deze kaart – dat je kijkt of je geven en nemen met elkaar in harmonie zijn of dat je te veel geeft. Dat laatste heeft als gevolg dat je onderhuidse wrok gaat koesteren en het gevoel hebt tekort te komen en een slachtoffer te zijn – maar dat ben je niet.

Sta jezelf vanaf nu toe om eerst voor jezelf en dan pas voor anderen te zorgen, in elk geval zo veel mogelijk. Ook jij bent iemand die iets nodig mag hebben en jouw behoeften zijn voor het collectief net zo belangrijk en wezenlijk als de behoeften van wie dan ook. Neem dus de verantwoordelijkheid voor jezelf en kom dichter bij jezelf. Wie zou anders het best weten wat jij nodig hebt? Spreek het uit en neem de verantwoordelijkheid voor je eigen welzijn.

# Wijsheid en kennis

De kleur turquoise, die op deze kaart overheerst, verbindt je met de kennis van de nieuwe energie en het violet staat voor transformatie. Je staat dus in contact met een nieuwe manier om de dingen te zien, met het bewustzijn van de nieuwe tijd en je mag de engelen van wijsheid om raad en hulp vragen. Door jouw handelen zullen er dingen gaan veranderen.

Maar gebruik je die kennis ook? Je innerlijke wijsheid uit zich via al je energiecentra en in elk daarvan vibreert ze anders. Het verstand, je gezonde menselijke verstand dat met je mentale lichaam is verbonden, ontvangt informatie als heldere gedachten en een scherp begrip.

Maar haal je verstand en die kwebbelende stem van de angst en de twijfel niet door elkaar! Je verstand is een prachtig werktuig, waarmee je spirituele energieën kunt begrijpen en vooral kunt onderscheiden als je jezelf toestaat om je heldere gedachten te vertrouwen. Spirituele boodschappen zijn niet mis te verstaan wanneer ze als gedachten naar je toe komen; soms bestaan ze uit slechts één woord of een korte zin – en ze kloppen altijd. Je voelt dat het waar is, je haalt verlicht adem en weet opeens wat goed voor je is.

Ook je hart is een zetel voor je waarheid, voor je kennis, al spreekt het wel een andere taal dan je mentale lichaam. Hier is alles open, ruim, waardevrij, en ben jij vol liefde. Het hart maakt geen onderscheid, het voelt alleen of er liefde doorheen stroomt of niet. In een bepaalde situatie kun je het stromen van de liefde met je hart voelen.

En dan is er ook nog je buik, je oorsprong. Hier voel je heel duidelijk of het leven stroomt of niet, of een situatie levenskrachtig is of niet. Jouw oorsprong is verbonden met de fysieke, aardse levensenergie, en hier voel je in de waarste zin van het woord of een situatie, een probleem of een relatie levensvatbaar wordt geboren of niet.

Deze kaart nodigt je uit om je kennis te vertrouwen en dienovereenkomstig te handelen. Hij leert je om in te zien hoe wijs je in werkelijkheid al bent en hoe deze informatie in de verschillende chakra's aanvoelt en aanhoort – dus gebruik je verstand en je intuïtie!

# Zielenlicht

Wat is dat, je zielenlicht? Dat is gewoon je diepste waarheid, datgene waarmee je op de aarde bent gekomen, je meest innerlijke, heiligste bedoeling. Om je zielenlicht te herkennen, kan het heel nuttig zijn om het 'op te stellen'.

Daarvoor pak je een vel papier, waar je 'Zielenlicht' of 'Zielenplan' op schrijft. Leg het papier in de kamer neer en laat het werkzaam worden, zodat de energie zich op deze plek verzamelt, en als je zover bent, ga je op het papier staan – in het krachtveld van je zielenlicht.

Wat je nu voelt, ben je zelf, je diepste innerlijke bedoeling, datgene waar jij uit bestaat. Misschien voel je die kracht nog helemaal niet, misschien ben je je er juist heel erg van bewust – hoe dan ook, als je deze kaart trekt, wordt het tijd om de verantwoordelijkheid voor je zielenlicht te gaan dragen. Het zielenlicht is niet buiten je, het is geen hogere kracht die je tot iets wil verplichten, maar je diepste streven en verlangen.

Hoe nadrukkelijker en duidelijker je in je zielenlicht leeft, des te onduldelijker en vanzelfsprekender je gevoel voor jezelf en je weg wordt. Je kunt precies herkennen welke situaties en omstandigheden bij jou en bij wat jij op aarde wilt brengen passen, en welke je achter je mag laten.

Als deze kaart op een positie in een opstelling ligt, wordt het tijd dat je kleur bekent en je krachten, je waarheid, datgene wat heilig en wezenlijk voor je is, inbrengt. Dat kan heel stil en vredig gebeuren, maar soms moet je juist heel duidelijk zijn.

Deze kaart verheldert de positie waar hij op ligt, omdat je opeens ziet waar het werkelijk om gaat, wat dat met jou heeft te maken en wat je werkelijk wilt. Hij opent je hart en je gevoel voor jezelf, en brengt helderheid doordat je je eigen innerlijke houding en je verlangen opeens duidelijk en ondubbelzinnig waarneemt.

# Nawoord

Beste lezer,

Wij hopen dat deze kaartenset licht in je problemen zal brengen: licht, vrede en blijdschap, meer levendigheid en lichtheid.

*Maar één ding kan de kaartenset niet voor je doen: handelen.*

Daarom willen we je dringend vragen om tot actie over te gaan, om je inzichten in realiteit om te zetten. Handel alsof je verlicht bent – dat doet vaak wonderen.

# Over de kunstenares

Kunstenares Renate Baumeister houdt zich al meer dan twintig jaar bezig met spiritualiteit. De favoriete thema's van deze fotografe en mediavormgeefster zijn holistische geneeswijzen en vooral mediamieke schilderkunst. De engelenwereld speelt een grote rol in haar artistieke werk en inspireert haar voortdurend tot nieuwe werken.

Meer informatie op www.engel-malerei.de

# Over de schrijfster

Susanne Hühn is in 1965 geboren in Heidelberg. Na haar eindexamen en haar studie fysiotherapie ging ze als fysiotherapeute aan het werk. Omdat ze vooral geïnteresseerd was in de samenhang tussen het denken en voelen en de lichamelijke symptomen van haar patiënten, volgde ze opleidingen en cursussen op het gebied van holistische geneeswijzen en een opleiding tot psychologisch counselor.

In het begin van de jaren negentig begon Susanne naast haar werk als fysiotherapeute als spiritueel counselor en meditatielerares. Ook begon ze met schrijven. In 2005 stopte ze met haar werk als fysiotherapeute. Sindsdien wijdt ze zich volledig aan counseling en het schrijven van boeken, artikelen en verhalen.

Meer informatie op www.susannehuehn.de

## Coach je ziel naar wijsheid
*Inzicht krijgen in de realiteit van ieder moment*

Steven Smitt

Uitgeverij Akasha
ISBN 978 94 6015 078 4
112 pagina's
Boek in doos met 130 kaarten
€ 24,50

Astrologie, spirituele inzichten en boodschappen van de geesteswereld komen samen in dit kaartspel. Je krijgt inzicht in je handelen en het verlangen van je ziel wordt duidelijk. Je doorloopt zeven stappen waarbij je vijf kaarten trekt. De *domeinkaart* laat je zien op welk gebied het zinvol is om naar inzicht te zoeken. De *actiekaart* geeft daarna aan welke actie je kunt ondernemen op jouw domein. De *boodschapkaart* vertelt hoe je je aanpak kunt verfijnen. De *confrontatiekaart* helpt je om onbewust gedrag bewust te worden. De laatste kaart, de *inzichtkaart*, maakt duidelijk of je nieuwe manier van handelen overeenstemt met de weg van je ziel.

*Steven Smitt* is opgeleid tot spiritual en mental coach door William Gijsen en Joke Dewael. Hij geeft thema-avonden in Spiritueel Centrum Hasselt. In het dagelijks leven is hij onderwijzer.

## Opstellen met kaarten
*Belastende thema's op gebied van familie, werk of gezondheid bewust worden en oplossen*

Stefanie Menzel

ISBN 978 94 6015 040 1
Tweede druk
96 pagina's
Boek in doos met 96 opstellingskaarten
€ 19,90

Het opstellen van problematische situaties – bijvoorbeeld in de familie, op het werk of in de gezondheid – wordt steeds vaker toegepast. Dit boek biedt een unieke en eenvoudige toegang om voor jezelf deze opstellingen te doen.

De bijgeleverde kaarten vertegenwoordigen de betreffende personen of emoties. Je maakt met de kaarten een opstelling. Door de ligging van de kaarten en door deze te veranderen, word je je bewust van oude, belastende thema's en kunnen ze worden opgelost. Met deze vorm van opstellen krijg je gemakkelijk zicht op de structuren en blokkades in je energieveld.

*Stefanie Menzel* is docent, auteur, coach en filosofischspiritueel begeleider. Zij onderzoekt de spirituele achtergrond van het menselijke bestaan. Van hieruit heeft zij dit opstellingenwerk ontwikkeld.

**De engelen van Atlantis**
*Je leven transformeren met de krachten van de twaalf aartsengelen*

Stewart Pearce

ISBN 978 94 6015 067 8
256 pagina's
Met kleurkatern
€ 22,50

De twaalf aartsengelen waren al aanwezig in het leven van de bewoners van Atlantis. Ook in ons huidige leven kunnen we hun energie overal herkennen.

Bij elke engel worden oefeningen met meditaties en gebeden gegeven. De inspiraties, die een diepe verbondenheid met het oude Atlantis brengen, bieden krachtige raad en genezing. Ook wordt informatie gegeven over de intieme relatie van de engelen met de goden van Atlantis, Egypte, Griekenland en Rome. De engelen zijn afgebeeld op bijzondere illustraties. Enige achtergrondinformatie laat zien hoe anders de cultuur van Atlantis was dan die van onze huidige maatschappij.

*Stewart Pearce* verdeelt zijn aandacht tussen acteren, Angelic Sound Healing en het bedrijfsleven. Hij staat met één voet in de materiële wereld en met de andere in de geestelijke wereld. Hij heeft met talloze beroemdheden en staatslieden gewerkt.